## IMPRESSUM

Anita Girlietainment
Daumegasse 1
1100 Wien
Österreich

5. Auflage
Ersterscheinung: Dezember 2018
Coverdesign und Illustrationen: Emma Ableidinger
Coverfoto: Julia Hiegetsberger
Lektorat: Anke Weber

Gedruckt in Österreich

ISBN: 978-3-95047130-4

www.anitagirlietainment.de
Youtube: Anita Girlietainment
Instagram: Anita_Girlietainment_official

ANITA GIRLIETAINMENT

# Kleine Hufe Große Träume

*Für meinen Freund,*
*der nicht nur im Buch*
*eine bedeutende Rolle spielt,*
*sondern auch in meinem Herzen*
*den wichtigsten Platz einnimmt!*

♡

# Zur Autorin

Liest diesen Part hier eigentlich irgendwer? Ich kann mich an kein (!) Buch erinnern, bei dem ich das Vorwort oder die Worte zur Autorin oder zum Autor gelesen hätte. Für mich war das vordere „Blabla" nur Platzfüller. Stattdessen habe ich ein besonderes Ritual, wenn ich Bücher lese: Ich schlage immer zuerst die letzte Seite auf und lese das letzte Wort. Aber wirklich nur das letzte Wort. Und dann öffne ich das Buch an einer beliebigen Stelle und rieche daran: Der Geruch eines Buches muss angenehm sein. Erst dann beginne ich mit der Geschichte.

Hier mache ich mal den Test. Wenn du das hier liest, schreib mir unter meinem aktuellsten Youtube-Video das Wort: „Pferdefest" in die Kommentare! Oder nenne mir dieses Codewort, wenn wir uns einmal bei einem Zuschauertreffen sehen! Ich bin echt gespannt, wie viele das hier lesen werden!

Dieses Buch habe ich unter ganz besonderen Bedingungen geschrieben: Zum einen haben mich meine Pferde dezent belagert, als ich eigentlich ungestört am Laptop mein Buch schreiben wollte. Dabei dachte ich, ich könnte ganz entspannt auf einer Liege mitten auf ihrer Pferdeweide liegen und mich meinem Text widmen. Falsch gedacht! Ungestört arbeiten sieht anders aus! Statt mich konzentriert in die Tastatur tippen zu lassen, eröffneten sie eher den Wettbewerb „Wir beschnüffeln jetzt deine Liege und versuchen sie mit dem Kopf umzustoßen". Allen voran der neugierige Rubjen. Er war super interessiert und ganz vorne mit dabei. Rund um ihn das Pony Porzellinchen und die Stuten Escada, Rubineska, Rubielle, Jessy und Jenny. Bald hatten sie es geschafft. Eine umgestoßene Liege. Und ich. Mit dem Laptop in der Hand. Stehend …

Zum anderen rede ich viel lieber, als ich schreibe. Viele meiner Freunde haben eine Augenbraue hochgezogen (oder auch laut losgelacht), als ich ihnen von meinem Projekt „Anita schreibt ein Buch" erzählte. Aber jetzt ist es tatsächlich fertig, und ich bin megastolz!

Ohne meinen Freund, der auch in meinen Videos lieber hinter der Kamera steht, wäre das alles nicht möglich gewesen! Auch in der folgenden Geschichte bleibt er inkognito :)

Auf der nächsten Seite stelle ich dir meine Pferde genau vor, und dann geht's los!

Ganz viel Spaß beim Lesen!

**NAME:** Escada

**SPITZNAME:** Scadi, Dickeline,
Goldenes Fischstäbchen

**RASSE:** Haflinger

**GEBURTSTAG:** 03.04.2004

**FARBE:** Lichtfuchs mit weißer
Mähne

**GRöSSE:** 148 cm

**TYPISCH IST:** liebt Leckerlis
über alles, lange Mähne, Anitas erstes Pferd

**NAME:** Rubineska

**SPITZNAME:** Rubi

**RASSE:** Oldenburger

**GEBURTSTAG:** 22.06.1996

**FARBE:** Schimmel

**GRöSSE:** 170 cm

**TYPISCH IST:** liebt Bananen,
war früher ein Problempferd,
Mutter von Rubjen und Rubielle

**NAME:** Rubjen

**SPITZNAME:** Bubi, Großer Bub

**RASSE:** Oldenburger

**GEBURTSTAG:** 03.05.2013

**FARBE:** Schimmel

**GRÖSSE:** 180 cm

**TYPISCH IST:** Sohn von Rubineska,
Anitas erstes selbstgezogenes Fohlen,
ist der Größte in Anitas Herde

**NAME:** Rubielle

**SPITZNAME:** Baby, Mädchen

**RASSE:** Oldenburger

**GEBURTSTAG:** 24.06.2014

**FARBE:** Schimmel

**GRÖSSE:** 165 cm

**TYPISCH IST:** wiehert immer zur
Begrüßung, gewann als Fohlen eine
Zuchtschau, ist noch nicht eingeritten

# KAPITEL 1

# Traum

Anita schloss die Augen. Mit ihrem ganzen Körper spürte sie die rhythmischen Bewegungen ihrer Haflingerstute Escada und genoss den Geruch des Waldes. Bei jedem Schritt raschelte leise das Laub unter den Hufen ihres Pferdes, und das Leder des Sattels erzeugte ein beruhigendes Geräusch. Die Vögel zwitscherten, als müssten sie gerade den neuesten Klatsch und Tratsch aus der Vogelwelt weitererzählen. Was gab es Schöneres, als entspannt durch die Gegend zu reiten?

Mit geschlossenen Augen nahm Anita die Umgebung ganz anders wahr. Sie vertraute ihrer Stute und ließ sie am durchhängenden Zügel den Weg entlanggehen. Plötzlich aber verkrampfte sich Anita. Woher kamen diese grellen Lichter? Dieser Lärm? Was kam da aus dem grellen Licht auf sie zu? Die Erinnerungen an die Bilder ihres gestrigen Albtraumes machten ihr Angst. Schnell öffnete sie wieder die Augen und vergewisserte sich, dass sich weder etwas im Wald geändert hatte, noch ein seltsamer Mann auf dem Weg stand. Stattdessen wehte die lange blonde Pferdemähne von

Escada bei jedem Schritt, und ein verstohlener Blick der Stute verriet ihr, dass sich Escada gleich den nächsten Grashalm gönnen würde.

„Ach, Scadi", liebevoll strich sie ihr über den Mähnenansatz, „sei nicht so verfressen! Als ob du im Stall nicht genug bekommen würdest!" Schnell verdrängte sie die Erinnerungen an die unruhige Nacht, aus der sie um drei Uhr früh mit weit aufgerissenen Augen hochgeschreckt war. An Weiterschlafen war nicht zu denken gewesen. Zu groß die Angst, der fürchterliche Albtraum würde sich fortsetzen.

„Wollen wir eine Pause machen?" Ohne eine Antwort ihrer Stute abzuwarten, hielt sie ihr Pferd auf einer Waldlichtung an. Sie stieg ab, lockerte den Sattelgurt, hob die Zügel über den Pferdehals und setzte sich neben den Haflinger ins Gras. Escadas Fell glänzte golden in der Sonne, während sich die Stute genüsslich über das saftige Gras hermachte.

Anita zog ihr Smartphone aus der Tasche der Reithose, um kurz ihre Whatsapp-Nachrichten zu checken und einmal durch den Instagram-Feed zu scrollen – genaugenommen war das ihr Plan, bei dem es, wie so oft, nicht blieb. „Du schaust die ganze Zeit auf dein Handy!", plötzlich kamen ihr die tadelnden Worte ihrer Mutter in den Sinn. Wenn sie ihre Eltern besuchte, versuchte sie, ihren Handykonsum zu reduzieren. Trotzdem erwischte sie sich immer wieder dabei, wie sie bei Familientreffen unter dem Tisch heimlich ihr Telefon zückte.

Die Zeit verging, Escada ließ sich beim Fressen nicht stören, als sich Anita plötzlich aufsetzte. Soeben war ihr eine neue Nachricht auf Instagram aufgefallen.

„Hey! Startest du übernächstes Wochenende auch beim Geschicklichkeitsturnier am Pferdemarkt Stassing?"

„Was? In zwei Wochen findet der Pferdemarkt statt? Warum habe ich davon nichts mitbekommen?", rätselte Anita, während sie aufgeregt im Internet nach weiteren Informationen zur bevorstehenden Veranstaltung googelte. Voller Tatendrang ritt Anita zurück in den Stall, wo ihre anderen drei Pferde auf sie warteten.

„Danke, Scadi, für den schönen Ritt", flüsterte sie ihrer Stute ins Ohr, bevor sie das Tor zur Koppel öffnete. Der Haflinger trabte zu Rubineska, Rubjen und Rubielle, die sie freundlich anbrummten. Anita setzte sich zu ihren Pferden auf die Wiese und checkte auf ihrem Handy noch einmal alle Infos zu dem Pferdefest ab.

Schnell hatte sie das Plakat der Veranstaltung gefunden: *Der Reitverein Stassing lädt zum 34. Pferdemarkt in Stassing ein: auf dem großen Wiesenplatz, von Donnerstag bis Sonntag. Zuchtpräsentation der Fohlen, Jährlinge und Jungtiere, am Samstag Geschicklichkeitsparcours, Sonntag Kranzlstechen und große Verlosung. Hauptpreis ein Pony.*

Die letzten drei Worte auf dem Plakat prägten sich bei Anita besonders ein. Schon als kleines Mädchen war es immer ihr sehnlichster Wunsch gewesen, einmal ein eigenes Pony oder ein eigenes Pferd zu besitzen. Da ihre Eltern von dieser Idee nicht besonders begeistert gewesen waren, hatte sie damals gehofft, auf Pferdemärkten zu ihrem Glück zu kommen. „Wenn du ein Pony gewinnst, kannst du es behalten", versprachen ihr ihre Eltern, wohlwissend, wie gering die Wahrscheinlichkeit war, dass dieser Fall tatsächlich eintrat.

Noch Jahre später, als sie sich als Erwachsene ihren Traum von eigenen Pferden bereits selbst erfüllt hatte, nahm sie immer wieder gerne an Tombolas teil. Warum, hätte sie schwer erklären können. Vielleicht war es dieses Gefühl aus ihrer Kindheit, das sie wieder aufleben lassen wollte. Diese Hoffnung zu gewinnen, die sie als Kind jedes Mal wieder verspürt hatte, bevor sie dann doch enttäuscht nach Hause gefahren war. Das besondere Kribbeln, das jede Veranstaltung umgab, hatte sie schon Wochen vorher erfasst. Jedes Mal hatte sie sich komplett hineingesteigert. Wochenlang hatte sie alle möglichen Reitsportkataloge vor sich ausgebreitet und sie genau durchforstet, um für ihr imaginäres und noch nicht gewonnenes Pony eine passende Ausstattung auszusuchen.

Motiviert kramte Anita nach Utensilien, um einen Übungsparcours aufzubauen. In einem großen Karton hatte sie mit der Zeit einige Dinge gesammelt, die sie jetzt im Round-Pen platzierte. Einen gelben Regenschirm hängte sie gleich neben den Eingang zum runden Reitplatz. Er war schon ziemlich alt, aber noch immer konnte man ihn mit einem Knopfdruck am Griff des Schirms aufspannen. Für schreckhafte Pferde war es eine große Herausforderung, wenn man den Schirm öffnete, während man im Sattel saß. In der Mitte des Platzes breitete sie eine große, blaue und sehr laut raschelnde Plane aus. Auch diese war vielen Pferden nicht geheuer, und schon oft hatte sie einige Starter bei Geschicklichkeitsturnieren daran scheitern gesehen. Ein

Stückchen weiter lag ein rosa-grün geblümtes Tischtuch auf dem Sandboden, über das die Pferde später auch gehen sollten.

„Brauchst du Hilfe, Anita?", rief ihr der Stallbursche aus der Ferne zu.

„Danke! Geht schon!"

Sie legte alte Hufeisen und einen großen Eimer bereit, da die Übung „Hufeisenwerfen" eine beliebte Aufgabe bei Geschicklichkeitsturnieren war und Anita nicht zu den begabtesten Werferinnen gehörte. Sie befestigte eine Schwimmnudel am Zaun des Rundplatzes und knotete daran mehrere rot-weiß gestreifte Baustellenabsperrbänder fest, die im Wind flatterten. Daneben platzierte sie einen Sack, der mit alten Dosen gefüllt war. Dieser klapperte laut, wenn man ihn an einem Seil hinter sich herzog, und er eignete sich perfekt, um zu testen, wie schreckhaft ein Pferd war. Den lila Hula-Hoop-Reifen positionierte sie neben einem Ball, der dann mit Hilfe eines Besens in den Reifen geschubst werden musste. Natürlich musste alles vom Sattel aus bewältigt werden. Mit Mühe trug Anita die letzte Übungsstation in den Round-Pen: ein Cavaletti. Das kleine Sprunghindernis bestand aus einer weiß gestrichenen Holzstange, die an zwei kleinen Kreuzen jeweils an beiden Seiten der Stange befestigt war. Oft genug war sie mit ihren Stuten darübergesprungen, beim Geschicklichkeitsreiten teilweise auch mit einem aufgespannten Regenschirm in der Hand. Diesmal wollte sie das Cavaletti aber nur auf eine ganz bestimmte Art nutzen: zum Auf- und Absteigen aufs Pferd.

15

Nicht nur auf der linken Seite, von der viele aufsteigen, sondern auch mal von rechts und – um den Schwierigkeitsgrad zu erhöhen – mit einem Wasserbecher in der Hand.

„Na, Rubi", Anita strich ihrer Schimmelstute sanft über die Stirn, „wollen wir gemeinsam antreten?" Rubineska stupste sie vorsichtig an, während sie gemeinsam zum Round-Pen gingen. Unvorstellbar, dass dieses ruhige und verlässliche Tier früher als Problempferd abgestempelt worden war. Umso schöner zu sehen, was alles mit Geduld und Einfühlungsvermögen möglich war.

Mutig stieg die Stute auf die blaue Plane, die im Wind unheimlich flatterte. Auch der Sack mit den alten Dosen, den sie nachzog, machte ihr nichts aus. Genauso tapfer meisterte sie alle anderen aufgebauten Stationen. Rubi blickte nur etwas verwundert um sich, als Anita beim Aufsteigen in den Sattel vom Cavaletti aus Probleme hatte, und die Stute die verschüttete Flüssigkeit auf dem Fell spürte. Trotzdem blieb sie artig stehen, während andere Pferde vor Schreck bestimmt einen Satz zur Seite gemacht hätten.

„Deine Tochter Rubielle wäre da nicht so cool geblieben wie du!", lobte Anita ihr ältestes Pferd. Man sah ihrer Stute ihre zweiundzwanzig Jahre nicht an. Fremde, die sie nicht kannten, schätzten sie deutlich jünger, da sie noch topfit und gut bemuskelt war.

Zufrieden brachte Anita sie wieder zurück auf die Koppel, wo sie von Rubielle freudig empfangen wurden. Anitas selbstgezogenes Fohlen, welches mittlerweile vier Jahre alt war, wieherte jedes Mal fröhlich, wenn Anita sich näherte. Die kleine Stute war noch nicht eingeritten, in der Fachsprache würde man sie als „roh" bezeichnen. Ihr Fell war deutlich dunkler als das ihrer Mutter Rubineska, obwohl auch sie ein Schimmel war. Nicht selten wurde sie von ihren Freunden, welche nichts mit Pferden zu tun hatten, überrascht angesehen, wenn sie ihnen erklärte, dass dieses dunkle Pferd später auch so weiß sein würde wie seine Mutter Rubineska. Schimmel werden dunkel geboren, und je älter sie werden, desto heller wird ihre Fellfarbe.

Anita erinnerte sich gerne zurück an Rubielles Geburt. Ihr Freund und sie waren damals die Einzigen im Stall gewesen. Anita hatte sich gründlich informiert, worauf zu achten war, und etliche Geburtsvideos von Pferden auf Youtube angesehen. Außerdem hatte sie sich über den genauen Ablauf bei ihrem Tierarzt vergewissert, der ihr per Telefon alle Anweisungen durchgegeben hatte. Bis wann sollte das Fohlen auf den Beinen sein? Wann sollte es spätestens die wertvolle Muttermilch trinken? Wann kam die Nachgeburt? Auf alles hatte Anita die Antwort gewusst. Wäre etwas nicht ganz nach Plan gelaufen oder wären irgendwelche Auffälligkeiten aufgetreten, wäre ihr Tierarzt innerhalb von zehn Minuten bei ihnen im Stall gewesen.

Gemeinsam mit ihrem Freund hatte sie die Ruhe und Zweisamkeit in diesem besonderen Moment genossen. Dieses herzerwärmende Gefühl, als das Fohlen zur Welt kam und ihnen dann zum ersten Mal, noch in der Eihaut verpackt, entgegenwieherte, war unglaublich gewesen. Trotz der vielen Vorbereitungsvideos unterschied sich dieser

Augenblick im Real Life. Zu sehen, wie Rubineska als fürsorgliche Mutter ihr Fohlen auf der Welt begrüßte, war für Anita unbeschreiblich schön gewesen. Eine Überraschung war auch Rubielles Fellfarbe. Der Besitzer des Hengstes hatte ihr hübsche Nachkommen versprochen, aber in dunklen Farben wie bei Rappen, Dunkelbraunen oder Braunen. „Da war noch nie ein Schimmel dabei!", hatte er gesagt.

Verliebt in den bildschönen Hengst, hatte sich Anita damals für ihn entschieden, trotz ihrer Vorliebe für Schimmel.

Vorsichtig hatte Anita die Eihaut rund um das kleine Mäulchen des Fohlens aufgerissen, damit es Luft bekam. Als das Fohlen vor ihnen im Stroh gelegen war, bemerkten sie eine Besonderheit. Das frischgeborene Pferdebaby sah mit seinem pechschwarzen, glänzenden Fell Black Beauty zwar zum Verwechseln ähnlich. Jedoch hatten weiße Härchen rund um seine Augen verraten, dass das Fohlen kein Rappe war, sondern ein Schimmel – und damit Anitas Lieblingsfellfarbe bekommen würde.

„Kann das wirklich ein Schimmel sein?", hatte sie ihren Freund ungläubig gefragt. Aus Erfahrung wusste sie, dass sie sich oft viel zu schnell freute und in Dinge hineinsteigerte, um kurz danach enttäuscht zu werden. Ihr Freund versuchte von der Boxentür den Neuankömmling genauer zu betrachten. Beide hatten sie genug Abstand gehalten, um Mutter und Tochter beim gegenseitigen Kennenlernen nicht zu stören. „Kann sein?", hatte er zaghaft entgegnet.

Ihre Vermutung bewahrheitete sich, und heute – vier Jahre später – stand Anita mit ihrer schicken dunkelgrauen

Stute im Round-Pen, inmitten der aufgebauten Geschicklichkeitsübungen. Rubielle riss den Kopf in die Höhe, blähte die Nüstern und schnaubte hörbar. Ihr war die ganze Sache nicht geheuer.

„Ganz ruhig, Rubielle, deine Mutter hat das alles auch überlebt", witzelte Anita. Von all ihren Pferden war das jüngste das spritzigste. „Das Temperament hast du bestimmt von deinem Trakehner-Vater." Im Gegensatz zu Rubineska, die furchtlos über die blaue Plane gestiegen war, tänzelte Rubielle mit einem Sicherheitsabstand von drei Metern rund um die Plane herum.

Anita war es früher schwergefallen, die Ruhe zu bewahren und geduldig zu sein. Die jahrelange Arbeit mit ihren Pferden und ihrer Trainerin hatte aber nicht nur die Tiere, sondern auch sie selbst geschult.

„Immer mit einem positiven Erlebnis und einem guten Gefühl das Training beenden. Das merken sich die Pferde!", wiederholte Anita für sich den oft gehörten Satz ihrer Trainerin, während sie Rubielle lobte, als sie sich der „bösen Plane" zumindestens näherte. Anita reichten bereits die wenigen Schritte, die ihre Stute Richtung „Gruselplane" machte. Entspannt kaute ihr jüngstes Pferd. Sie führte sie zurück zu den anderen Pferden auf die Koppel. Viel Zeit blieb Anita nicht bis zum bevorstehenden Turnier. Mit welchen Pferden würde sie dort wohl starten?

# Kapitel 2

# Reitender Freund

„Wollen wir noch eine Runde zusammen ausreiten?" Anitas Freund drehte sich zu ihr um, als er seine gescheckte Stute Jessy auf den Putzplatz führte.

„Das würde ich echt gerne, aber nächste Woche ist das Turnier, und ich sollte mich noch vorbereiten", antwortete sie. Normalerweise schlug Anita ihm den Vorschlag zu einem Ausritt nie ab. Die Seele baumeln lassen, über alles Mögliche reden, lachen und gemeinsam über Wiesen galoppieren, das alles war für sie der Inbegriff eines perfekten Tagesausklangs.

„Komm, Rubjen, heute gibt es spannende Dinge im Round-Pen zu sehen!", motivierte Anita ihren fünfjährigen selbstgezogenen Oldenburgerwallach. Mit seinem 180 cm Stockmaß hatte er eine stattliche Größe und war damit das „Schlachtschiff" ihrer kleinen Herde. Anita hatte eine ganz besondere Bindung zu ihrem Riesenbaby. Schließlich hatte sie Rubjens Wachstum schon im Ultraschall verfolgen können. Nun stand er da. Groß gewachsen, vier Fesselkopfgamaschen an den Beinen und einen glänzenden Kappzaum am Kopf. Seit einer Woche war ihr einziger Wallach zurück aus Deutschland, wo er eine schonende und sehr pferdefreundliche Ausbildung genossen hatte.

Rubjen verhielt sich vorbildlich am Putzplatz. Selbst als Anita seine Mähne und den Schweif mit dem Mähnenspray besprühte, das er anfangs so gefürchtet hatte, blieb er ganz ruhig.

Der Wind hatte die Planen und Decken ihres am Vortag aufgebauten Geschicklichkeitsparcours durcheinandergewirbelt. Deutlich gelassener als seine Schwester Rubielle stapfte der sanfte Wallach neben Anita zu den Übungen und zeigte sich dabei von seiner entspanntesten Seite. Der raschelnde Sack voller Dosen war ihm nicht ganz geheuer, er ließ sich aber schnell davon überzeugen, dass ihn nichts Böses erwartete. Pferde sind Fluchttiere, aber bei manchen ist dieser Fluchtreflex stärker ausgeprägt als bei anderen.

„Schön, dass du so gechillt bist, Bubi", tätschelte Anita ihren großen Wallach am Hals. An den kommenden Tagen würde sie mit ihm den Parcours im Sattel ausprobieren.


„Wirklich keine Lust, eine kleine Runde ins Gelände zu gehen, Anita?" Ihr Freund ließ nicht locker, als er neben seiner gesattelten Paint-Stute stand. Sein kariertes Hemd hatte er locker in die Jeans gesteckt und schwang sich gekonnt in den Westernsattel. Für ihn war Reiten ein Hobby. Er nahm an keinen Turnieren teil, sondern genoss es, die Zeit nach seiner Arbeit mit Anita im Stall zu verbringen.

„Es ist der perfekte Ausgleich", hatte er seinen Freunden erklärt, als diese von seinem Hobby erfuhren. Er hatte seine Vorliebe ihnen gegenüber nie an die große Glocke gehängt. Schon als Kind war er nach der Schule lieber im Stall gewesen als am Fußballplatz, wo sich seine Freunde aufhielten. Er hatte den Traum gelebt, von dem Anita in ihrer Kindheit nur schwärmen konnte. Ein eigenes Pferd. Jetzt hatte er einen Haflingerwallach namens Attila, seine braun-weiß gescheckte Paint-Stute Jessy, und seinem Vater gehörte die Schimmelwarmblutstute Jenny.

Die Tatsache, dass er ritt, hatte er Anita, als sie sich kennenlernten, nicht gleich erzählt. Erst Wochen später bemerkte sie bei einem gemeinsamen Besuch im Wochenendhaus seiner Großeltern, dass gegenüber ihrer Unterkunft drei Pferde auf einer Wiese standen. Aufgeregt lief sie zu ihm und berichtete ihm davon.

„Auf der Wiese drüben sind Pferde! Da steht ein großes weißes Pferd! Und ein Haflinger! Und ein Pferd, das aussieht wie eine Kuh!" Grinsend folgte er ihr zum Fenster, aus dem sie direkt auf die Weide sehen konnten.

„Äh, ja … Das sind unsere", antwortete er lässig, während ihn Anita mit großen Augen anstarrte. Seit diesem Wochenende verbrachte sie jede freie Minute mit ihm im Stall.

„Das hat er aber gut eingefädelt!", sagten Anitas Freundinnen, als sie ihnen damals aufgeregt von den entdeckten Pferden berichtete.

„Das war nur Zufall! So einer ist er nicht! Sein Vater hatte die Pferde auf die Wiese gebracht, ohne zu wissen, dass wir da waren", versicherte Anita ihnen. Ein paar Monate später kam sie zu ihrem ersten eigenen Pferd, der Haflingerstute Escada.

„Okay, aber nur eine kleine Runde", zwinkerte sie ihm zu, als sie Escada zum Putzplatz führte. Anita kannte ihre Stute in- und auswendig, jeden Zentimeter ihres Körpers, jede kleinste Eigenheit. Was sie an ihr besonders schätzte, waren Escadas Nerven aus Stahl. Ein Lkw konnte noch so laut an ihr vorbeibrettern, sie zuckte nicht einmal mit einer Wimper. Auch die gefürchteten Mähdrescher am Feld konnten ihr nichts anhaben, und auf die hübsche Stute war einfach in jeder Lebenslage Verlass! Die anderen Pferdebesitzer im Stall beneideten sie dagegen vor allem um ihre Reinlichkeit, da sich Escada so gut wie nie schmutzig machte. Während sich alle anderen Pferde im Matsch wälzten und danach wie panierte Schnitzel auf der Koppel standen, poste Escada mit ihrer langen, wehenden Mähne, als stünde sie im Scheinwerferlicht für das Coverfoto des nächsten Reitsportkataloges. Im Gegensatz zu den drei Schimmeln dauerte ihre Fellpflege daher nur halb so lang.

„Mit welchen Pferden startest du nächste Woche, Anita?"

„Ich bin mir noch nicht sicher, wahrscheinlich aber mit Rubineska und Escada. Oder was sagst du?"

Ihr Freund grinste sie verschmitzt an.

„Na, meine Profi-Stute Jessy, die Geschicklichkeitskönigin, kriegst du bestimmt nicht", witzelte er ironisch, während Anita lachend aufstieg.

„An Escada kommt kein Pferd heran – wetten?"

„Top, die Wette gilt", rief er, als er seine Stute Richtung Round-Pen antrabte.

„Hey! Warte auf mich", schrie Anita hinter ihm her.

Escada bewältigte den Parcours, als hätte sie nie etwas anderes gemacht. Jessy konnte sich mit dem klappernden Dosen-Sack nicht anfreunden. Anitas Freund gab sich geschlagen. Für Anita war die Entscheidung gefallen: „Ich werde nächste Woche mit Rubineska und Escada starten", verkündete sie feierlich, als würde sie vor einer versammelten Mannschaft stehen.

„Dort gibt es auch wieder eine Verlosung, oder?", fragte ihr Freund.

Anita strahlte ihn an.

„Ja, klar", antwortete sie.

„Lass mich raten, du eskalierst wieder und kaufst haufenweise Lose?", tippte er.

„Na ja, ein paar werde ich schon nehmen."

Anita wusste, dass dies die Untertreibung schlechthin war. Wie auf jeder dieser Pferdeveranstaltungen, die etwa drei- oder viermal im Jahr stattfanden und die Anita immer gerne besuchte, würde sie mehrmals am Los-Stand auftauchen, um dort ein, zwei ... – okay, Minimum *zehn* Lose zu kaufen.

Nachdem sie im Round-Pen an den einzelnen Stationen geübt hatten, ritten Anita und ihr Freund noch eine kleine Runde entlang der Felder. Für eine Route durch den Wald war es zu spät geworden. Die Sonne hatte die Umgebung in Orange- und Goldtöne getaucht, und sie würde in den nächsten Minuten untergehen. So spät wollten die beiden die Tiere des Waldes nicht mehr stören.

„Dort wird ein Pony verlost", träumte Anita.

„Und was machst du dann damit?", holte sie ihr Freund aus den Träumen.

„Na ja, spazieren gehen, Bodenarbeit, kleine Tricks, Doppellonge, ich würde es als Handpferd – äh, Handpony – mitnehmen zum Ausreiten."

„Haha, schon gut – schon gut!", lachte er. „Ich wusste nicht, dass du schon so konkrete Pläne hast! Aber bitte steigere dich nicht zu sehr rein", ermahnte er sie. Aber dafür war es schon zu spät ...

# Kapitel 3

# Pferdefest

Die Zeit verflog, und das Pferdefest stand an. Anita hatte die vergangenen Tage damit verbracht, herauszufinden, welche Aufgaben verlangt wurden. Dafür hatte sie sich auf Fotos im Internet die Übungsparcours der vergangenen Jahre angesehen. „Wenn ich mich damals für die Schule auch so vorbereitet hätte …", Anita dachte an ihre nicht sonderlich glorreiche Schulzeit zurück, die sie nur sehr mittelmäßig abgeschlossen hatte. „Hätte es statt Mathematik das Fach ‚Pferde', gegeben, wäre ich damals mit viel mehr Motivation dabei gewesen!"

Aufgeregt packte sie ihre Tasche und machte sich auf den Weg zur Pferdeveranstaltung. An den beiden ersten Tagen lag der Fokus auf der Präsentation der Zuchttiere und Fohlen. Erst am Samstag und Sonntag kam es dann zum Showdown bei den Geschicklichkeitsturnieren und beim Kranzlstechen. Und den krönenden Abschluss bildete die Verlosung.

Das Kranzlstechen gehörte zu Anitas liebsten Wettbewerben, wobei sie sich mit ihrer Stute Escada wenig Chancen ausrechnete, da sie nicht das flotteste Pferd war. Bei dieser Disziplin wird ein aus Stroh geflochtener Kranz an einen Mast gehängt. Als Reiterin bekommt man einen Holzstock und muss den Kranz, der etwa die Größe eines Adventskranzes hat, im Galopp „herunterstechen". Dies war stets ein beliebter Bestandteil verschiedener Brauchtumsveranstaltungen. Anita erinnerte sich an die Jahre zuvor: Obwohl Escada immer ihr Bestes gab, artig im Galopp auf das Gestell mit dem Kranz zugaloppierte und Anita dann mit dem Stab den Kranz durchstach, reichte es doch nie. Sie verloren trotzdem immer gegen ihre gleichzeitig gestarteten Konkurrentinnen, da das andere Team einfach schneller war. Anita konnte es ihrer Stute nicht übelnehmen. Sie liebte sie über alles, und ihre anderen Eigenschaften waren ihr weitaus wichtiger, als das schnellste Pferd im Stall stehen zu haben.

Das Navigationsgerät im Auto zeigte Anita an, dass Stassing doch viel weiter entfernt lag, als sie erwartet hatte. Ihre Vorfreude stieg. Wie sah das Verlosungspony wohl aus? War es eine Stute, ein Hengst oder ein Wallach? Wie alt war es? Viele Fragen schwirrten durch ihren Kopf, als sie auf die Autobahn auffuhr.

Welche Augenfarbe würde es wohl haben? Sie dachte in dem Moment an das Pony ihrer kleinen Schwester, welches Anita ihr zu ihrem zwölften Geburtstag geschenkt hatte. Ein bildhübscher Schimmelwallach mit einem blauen und einem braunen Auge, der mit seiner traumhaften Mähne wie ein Mini-Andalusier aussah. Leider hatte es der Shetty-Wallach, der früher ein Schulpony gewesen war, faustdick hinter den Ohren, und wusste jeden Trick, wie er ausbüxen konnte, um an etwas zu fressen zu kommen. Auch das süße Scheckpony einer bekannten Youtuberin fiel ihr ein. Dieses hatte gleich zwei strahlend blaue Augen, welche man in Fachkreisen Fischauge oder Menschenauge nannte.

Fast hätte Anita die Abfahrt nach Stassing verpasst. Sie richtete sich auf, um konzentrierter zu fahren, doch ihre Gedanken schweiften dauernd ab. Kurz bevor es in ihrem Kopf wieder zu einer Gedanken-Achterbahnfahrt kam, sah sie die große Wiese neben der Bundesstraße, auf der viele Autos und auch einige Pferdeanhänger parkten.

„Das muss es sein!", sagte sie laut zu sich selbst. Nachdem sie ihr Auto abgestellt hatte, schloss sie sich der kleinen Menschenmenge an, die Richtung Pferdemarkt spazierte. Sie bezahlte den Eintrittspreis und bekam dafür ein orangefarbenes Armband. Einige prächtig geschmückte Pferde querten den Weg, und in der Sonne blitzten die polierten Geschirre und Kummete. Neben der weitläufigen Wiese, auf der die Veranstaltung stattfand, erstreckte sich ein großer Wald. Von Weitem hörte man die Stimme des Sprechers, welcher die Bewertungen der vorgestellten Zuchtpferde durchgab. Vereinzelt standen Traktoren und Kutschen auf der Wiese, bevor man das eigentliche Gelände der Veranstaltung betrat.

„Verlosungspony suchen und Lose kaufen", ging Anita ihre imaginäre To-do-Liste durch, als sie an den Stallungen des örtlichen Reitvereins Stassing vorbeistapfte. Am großen Reitplatz, der auf einer eingezäunten Wiese lag, gab es Rassenpräsentationen, bei denen Haflinger, Noriker, Ponys und Warmblüter vorgestellt und von den Zuchtrichtern begutachtet und prämiert wurden. Das Schild neben dem Vorführring zeigte die einzelnen Programmpunkte der kommenden Tage, und Anita überflog diese interessiert.

*Donnerstag: ganztags Rassenpräsentation Noriker & Haflinger – Zuchthengste, Stuten mit Fohlen, Jungstuten, Fohlen (Stuten & Hengste)*

*Freitag: ganztags Rassenpräsentation Warmblut & Pony – Zuchthengste, Stuten mit Fohlen, Jungstuten, Fohlen (Stuten & Hengste)*

*Samstag: 10:00 Uhr Showeinlage Reitverein Stassing, 14:00 Uhr Geschicklichkeitsturnier*

*Sonntag: 10:00 Uhr Showeinlage Zirkus Filippo, 14:00 Uhr Kranzlstechen, 17:00 Uhr Verlosung*

Anita stieg der Geruch von Langos und Schnitzel in die Nase. Sie konnte dem Fladen, der in Fett gebraten wurde, kaum widerstehen. Neben den Imbiss-Ständen waren einige Läden aufgebaut, die Reitsportartikel anboten. Hier waren Halfter und Stricke in verschiedenen Farben ausgebreitet, daneben lagen Reithelme, Gerten, Trensen, und die Steine der Stirnriemen glitzerten in der Sonne.

„Wissen Sie, wo ich das Verlosungspony finde?", fragte Anita die Kassiererin eines Reiterladens.

„Hier links, zweiter Gang in der vorletzten Box", antwortete sie, während sie für einen wartenden Kunden eine eben gekaufte Schabracke in eine Papiertragetasche packte.

Anita bedankte sich und eilte freudig zu den Pferden. Neben der kleinen „Imbiss- und Shopping-Meile" waren die Pferde in Boxen untergebracht. Diese bestanden aus Gitterpaneelen und wurden nur für Veranstaltungen zusammengebaut und auf die Wiese gestellt, damit die Tiere während der längeren Wartezeiten zwischen den Wettbewerben untergebracht werden konnten. Einige Jahre zuvor waren die Pferde noch angebunden nebeneinander gestanden. Jetzt konnten sie sich, versorgt mit Heu und Wasser, in den mobilen Boxen frei bewegen. Viele unterschiedliche Rassen waren vertreten.

Anita kam an ein paar Norikern in der Farbe Mohrenkopf vorbei. Sie gefielen ihr so gut, dass sie sie unbedingt gleich fotografieren musste, obwohl sie eigentlich auf der Suche nach dem Verlosungspony war. Diesen Drang, etwas zu fotografieren, verspürte Anita manchmal, und ganz egal, wie sehr sie im Stress war, die Zeit nahm sie sich immer. Das Besondere an den Norikern war der schöne Farbverlauf von Schwarz und Grau. Während der Kopf und die Beine der Pferde komplett schwarz waren, schimmerten Bauch und Rücken silbern. Neben den Mohrenkopfnorikern entdeckte sie zwei Mädchen, welche Lose verkauften.

„Dann kann das Pony nicht weit sein!", dachte Anita, als sie an den beiden Mädchen in roter Kappe und roter Jacke vorbeihuschte. Gleich würde sie wissen, wie das Pony aussah. Neugierig zwängte sie sich an der Menschentraube vorbei, die sich vor einer Freiluftbox gebildet hatte. Ein Zettel mit der Aufschrift „Verlosungspony" bestätigte ihre Vermutung.

# Kapitel 4

# *Verlosungspony*

Umringt von vielen interessierten Menschen, die sich an die Boxenwand drängten, stand da das Verlosungspony und ließ sich geduldig von allen streicheln. Als Anita es ansah, kam es ihr so vor, als würde das Pony ihren Blick erwidern und ihr direkt in die Augen schauen.

„Oh, mein Gott, ist das hübsch", murmelte Anita. Wieder trat einer dieser Momente ein, an dem sie nicht anders konnte, als ihr Smartphone aus der Tasche zu holen und dieses süße kleine Etwas zu fotografieren und für immer festzuhalten. Das Fell des Ponys war strahlend weiß. Im Gegensatz zu Anitas Schimmelstute Rubineska hatte es keine gelb verfärbten Flecken, sondern war rein weiß.

„Eine schöne Mähne, aber sie ist nicht ganz so lang wie bei Escada", dachte sich Anita.

Das Pony mit dem hübschen Gesicht und den aufgeweckten braunen Augen sah sie an.

„*Das* ist eine Stute", sagte die Frau neben ihr.

„Danke! Wissen Sie auch, wie alt die Kleine ist? Und vor allem wie groß? Denn so etwas Kleines habe ich noch nie gesehen!", antwortete Anita euphorisch, ohne den Blick von der Ponystute abzuwenden.

„Das höre ich öfter." Die Frau grinste Anita wissend an und fuhr fort: „Das ist Porzellan."

„Porzellan!", hauchte ein kleines Mädchen, welches neben den beiden stand und mitgelauscht hatte, während es das Pony fasziniert anstarrte.

„Sie ist zwei Jahre alt und – wie man sieht – ein Schimmel."

Anita begutachtete das Pony von Kopf bis Fuß und war überrascht, wie schmal seine Beinchen waren. Würde man Daumen und Mittelfinger aneinanderlegen, erhielte man ungefähr den Umfang seiner Gliedmaßen oberhalb des Fesselkopfgelenkes. Alles an dem Pony war wie an einem Großpferd, nur im Miniformat.

„Sie ist kein Shetlandpony, sondern ein *Miniature Horse*", setzte die Dame fort.

„Gehören Sie zu ihr?", fragte Anita, da die Frau anscheinend keine Zuschauerin bei der Pferdeveranstaltung war.

„Ja, ich bin die Züchterin. Silvia Harreiter – hallo." Sie streckte Anita die Hand entgegen.

„Ah, wie cool, dann bin ich ja bei Ihnen direkt an der Quelle!" Anita begrüßte sie und erwiderte den Handschlag.

„Oh, und ich heiße Anita!"

Die in Jeans, Sneakers und Longshirt gekleidete Züchterin, welche ihre braunen Haare zu einem Zopf gebunden trug, blickte sie freundlich an.

„Hast du dir schon Lose geholt?"

„Noch nicht", antwortete ihr Anita, „aber das werde ich gleich erledigen. Wie sieht das bei Verlosungen aus? Haben Sie gar keine Angst, dass Ihr Pony in schlechte Hände gerät?"

„Nein, nein. Keine Sorge. Die Veranstalter und ich haben auch in den Jahren zuvor regelmäßig kontrolliert, wo und bei wem unsere kleinen Schützlinge leben, und wir haben bis heute – und dafür klopfe ich auf Holz – keine schlechten Erfahrungen gemacht."

Sie tippte sich symbolisch mit der Hand gegen die Stirn, als würde sie an einer Tür anklopfen.

„Was hat denn das Pony da am Ohr?" Das Gespräch der beiden wurde durch die Frage eines daneben stehenden Mannes unterbrochen. Anita richtete den Blick auf die Ohren des Miniaturpferdes und suchte sie nach Auffälligkeiten ab. Ohne dass die Züchterin darauf achtete, wer die Frage gestellt hatte, antwortete sie: „Am Ohr hat es eine Bissverletzung aus Fohlentagen."

„Wird das Pony deshalb verlost, weil du es nicht verkaufen kannst, Silvia?", fragte der unbekannte Mann.

Silvia Harreiter blickte auf.

„Uwe!", schnaubte sie, als sie erkannte, wer da gerade mit ihr gesprochen hatte. „Was willst du hier?", fauchte sie ihn an.

Anita blieb etwas peinlich berührt daneben stehen. Sie blickte zu Boden und wusste nicht, ob sie dableiben und ihr Gespräch mitanhören sollte.

„Ich hätte dir das Pony auch für einen guten Preis abgekauft, Silvia. Das weißt du", sprach er in großzügigem Tonfall.

„Noch eher bringe ich meine Ponys zum Schlachter, bevor ich sie dir verkaufe", antwortete Silvia aufgebracht, „und das weißt du auch!"

Er funkelte sie böse an: „Du wirst schon sehen, wie weit du damit kommst!"

Verärgert stapfte er davon.

Silvia drehte sich weg und machte eine läppische Handbewegung.

„Ähm, wer war denn das?", fragte Anita irritiert.

„Ach, das ist, glaub ich, die mieseste Ratte im ganzen Zuchtverband."

Silvias Gesicht war rot vor Zorn, und eine Ader auf ihrer Stirn trat hervor. Anita sah dem großgewachsenen Mann mit den markanten Geheimratsecken am Kopf nach. Die wenigen Haare, die er noch auf seinem Haupt trug, erinnerten Anita an die Zeichentrickfigur des Films „Feivel, der Mauswanderer".

„Er züchtet auch Pferde und Miniature Horses, aber seine Haltung ist eine Katastrophe! Die Pferde stehen den ganzen Tag in engen Boxen und kommen nur für eine Stunde in einen unverschämt kleinen Auslauf. Er ist mir einfach nicht geheuer. Ich würde ihm niemals eines meiner Pferde anvertrauen."

Anita nickte verständnisvoll und antwortete: „Deshalb möchte er auch so dringend eines Ihrer Ponys, weil er genau weiß, dass er sie nicht haben kann?"

„Genau so ist es, Anita. Uwe, also er heißt Uwe Kollinger, hat sich auf meine Zuchtlinien eingeschossen und will um jeden Preis eines meiner Zuchttiere."

Eine Sache wollte Anita noch in Erfahrung bringen: „Als Sie meinten, dass Sie Ihre Pferde und Ponys eher zum Schlachter brächten, als sie ihm zu verkaufen – das war doch hoffentlich ein Spaß, oder?" Verunsichert sah Anita die Züchterin an.

Silvia lachte und antwortete: „Na ja, den Schlachter aus der Umgebung habe ich heute auch schon hier am Pferdefest umherschleichen gesehen. Er hatte auch Lose in der Hand. Aber ich glaube, er hat sie eher für seine Tochter gekauft als für sich."

„Ach ja, die Lose!", erinnerte sich Anita, verabschiedete sich von Silvia und machte sich auf die Suche. Am Weg musste sie an den Schlachter denken. Und an seine Tochter. Was tat ein Schlachter auf einem Pferdefest? Er wollte doch wohl nicht das Pony gewinnen, um es zu Wurst zu verarbeiten ... Ein absurder Gedanke, den Anita sofort beiseiteschob. Vielleicht war er einfach mit seiner Tochter hier, weil sie Pferde liebte und sich die Bewerbe anschauen wollte. Aber so ganz wohl war ihr bei dem Gedanken an den Schlachter, der hier herumstrich, doch nicht ...

# Kapitel 5

# Lose, Lose, Lose

Anita verwarf schnell ihre negativen Gedanken, als sie den Stand mit den Losen erreichte.

„Zehn Lose, bitte", sagte sie entschlossen. „Am liebsten welche, deren Losnummer die Zahl vier enthält! Meine Lieblingszahl", lächelte sie.

Die Mädchen hinter dem Tresen tuschelten, da sie sie aus ihren Videos auf Youtube erkannt hatten.

„Bist du *die* Anita?"

Anita nickte freundlich.

„Ich wünsche es dir so, dass du das Pony gewinnst, denn bei dir ginge es ihm sicher gut!", himmelte das zweite Mädchen sie an und nahm den Geldschein für die Lose entgegen.

„Magst du mit uns ein Selfie machen?"

Es hatte sich noch ein weiteres Mädchen dazugesellt, das seinen ganzen Mut zusammengenommen und ihr die Frage gestellt hatte.

„Ja klar, Ladys! Habt ihr ein Handy dabei?", Anita wurde, da ihre Videos doch viel mehr Leute verfolgten als nur ihre Familie und Freunde, öfters erkannt. Auf Pferdeveranstaltungen häufiger als im normalen Leben. Sie freute sich jedes Mal, wenn sie einen ihrer Follower face to face kennenlernen konnte und in strahlende Gesichter sah, denen sie, ohne viel dafür tun zu müssen, einen schönen Moment bereiten konnte.

Nach der kleinen Selfie-Action, natürlich mit dem besten und schönsten Beautyfilter, beschloss sie, noch einmal zu Porzellan, dem hübschen Verlosungspony, zu schlendern.

„Das Verlosungspony wird am Sonntag um 17:00 Uhr unter allen Anwesenden verlost." Dieser Hinweis stand auf den kleinen hellblauen Losen.

„Da bin ich bestimmt dabei!", dachte Anita, und wieder kamen ihr der Schlachter und ihre Befürchtungen in den Sinn. Würde er auch zur Verlosung kommen?

Anita war nicht die Einzige mit der Idee, das Verlosungspony zu begutachten. Da die Menschentraube rund um die Box des Schimmelponys so groß geworden war, dass Anita Porzellan fast nicht mehr sehen konnte, bummelte sie weiter. So viele hatten wie sie den Wunsch, das Pony zu gewinnen.

„Kein Wunder! Es ist ja wirklich hübsch", dachte sich Anita. „Wie ein Großpferd, nur geschrumpft." Sie nahm sich vor, bald zurück in den Stall zu fahren, um dort für das bevorstehende Geschicklichkeitsturnier am Samstag zu trainieren. Vor allem sollte sie ihre nicht vorhandenen Skills im Hufeisenwerfen verbessern. Zuvor inspirierte sie am Festgelände den Reitplatz auf mögliche „Gruselecken", vor denen sich ihre Pferde fürchten könnten, und machte sich dann auf den Weg zu ihren vier Lieblingen.

Zuhause angekommen, setzte sie sich sofort an den Laptop und machte sich über die Video- und Fotoaufnahmen her.

„Bist du jetzt pleite, weil du wieder mal all dein Geld für Lose ausgegeben hast, Anita?", fragte ihr Freund, der auch gerade nach Hause gekommen war.

Sie kramte in ihrer Tasche und zeigte ihrem Freund die zehn blauen Zettelchen.

„Ist es ein Zufall, dass jede Losnummer die Ziffer vier enthält? Deine Lieblingszahl soll dir wohl Glück bringen."

Anita saß grinsend an ihrem Computer und deutete ihm, zu ihr zu kommen.

„Ist das nicht das Süßeste, was du je in deinem Leben gesehen hast?", fragte sie ihn, als sie ihm die Fotos des Verlosungsponys zeigte.

Er swipte sich durch die Bilder, und an seinem Interesse erkannte Anita, dass ihm Porzellan auch gefiel. Sonst hätte er sich viel schneller etwas anderem gewidmet.

„Am Sonntag wird sie verlost?"

Anita nickte und meinte: „Ja, und davor ist noch das Geschicklichkeitsturnier, bei dem ich mich auf gar keinen Fall blamieren möchte!"

„Du weißt schon, dass es schon übermorgen stattfindet?"

„Ja! Also lass uns gleich zu den Pferden fahren! Es ist noch einiges zu tun. Übung macht bekanntlich den Meister", zwinkerte sie ihm zu, als sie ihre Reitsachen aus dem Schrank kramte.


Am Freitag stand für Anita beim Pferdefest eigentlich nichts unbedingt Sehenswertes auf dem Programm. Trotzdem konnte sie nicht widerstehen und machte sich trotz der langen Anfahrt sofort nach ihrer Arbeit wieder auf den Weg dorthin. Sobald sie das Gelände erreicht hatte, ging sie zielstrebig zum Stand mit den Losen, um ihre Geldbörse erneut zu erleichtern.

„Fünf Lose, bitte!"

„Möchtest du wieder die mit der Zahl vier?", fragte das Mädchen hinter dem Tresen, das sie vom Vortag schon kannte.

„Ja, gerne", strahlte Anita sie an, während sie sich durch die Zettelchen wühlte. Sie fand sogar ein Los, das gleich zwei Vierer aufwies. Dieses steckte sie, nachdem sie bezahlt hatte, ganz vorne in ihre Tasche und hatte dabei das Gefühl, als hätte sie soeben ihr Glückslos gefunden.

Durch die Zuchtpräsentation der Warmblüter und Ponys waren viel mehr Großpferde in den Außenboxen zu sehen als am Vortag. Dort, wo am Donnerstag noch wunderschöne Haflinger und Kaltblüter mit langen Mähnen gewesen waren, sah man am Freitag langbeinige, schicke

Rösser, unter denen Anita einige hübsche Pintos entdeckte. Die gefleckten Pferde waren natürlich auch ein Foto und einen Schwenk mit ihrer Filmkamera wert. Sie wollte ihre Erlebnisse von den vier Tagen in einem Youtube-Video festzuhalten. Unter ihren älteren Follow-me-around-Videos, kurz FMAs, las sie jedes Mal bestärkende Kommentare, solche Trips unbedingt öfter mit der Kamera zu begleiten. Da ihr das selbst sehr viel Spaß bereitete, kam sie diesem Wunsch gerne nach. Natürlich verschlangen das Bearbeiten und Schneiden der Videos viel Zeit. Aber es lohnte sich, allein schon für das positive Feedback, welches sie nach Veröffentlichung ihrer Videos erhielt.

Anita wollte das Gelände nicht verlassen, ohne noch einen Blick auf ihr neues Traumpony zu werfen. Es war ihr ein Bedürfnis, so viel Zeit wie möglich mit dem kleinen Schimmel zu verbringen. In ihrer Fantasie wurde am Sonntag ausgerechnet ihre Losnummer aufgerufen – die mit den vielen Vieren. Sie malte sich aus, wie sie überglücklich zu ihrem Gewinn lief, den Führstrick entgegennahm und ihren kleinen Schatz umarmte, dem sie ein wunderschönes Leben bereiten wollte.

Auf dem Weg zum Pony holte sie der Anblick eines sonderbaren Mannes zurück in die Realität. Beschwerlich humpelte der stämmige Mann in Jeans und einem verdreckten weißen T-Shirt in Richtung der Außenboxen, wo auch das Verlosungspony stand.

„Servus, Steinhauser!", wurde er von einem anderen Herrn begrüßt. „Hättest du dir nach dem Schlachthof keine sauberen Klamotten anziehen können?", lachte der Fremde, und Herr Steinhauser, der augenscheinlich der Schlachter sein musste, zupfte verschämt an seinem T-Shirt. Als Anita an ihm vorbeiging, versuchte sie ihn, so unauffällig wie möglich, zu mustern. Das war also der Schlachter. Mit Schrecken dachte Anita an das süße Pony.

„Schlachter ist auch nur ein Job, und er wird das Pony schon nicht gewinnen", versuchte sie sich selbst zu beruhigen.

Sie hockte sich neben Porzellan an die Boxenwand. Vertrauensvoll drückte das Pony ihre Stirn an die von Anita.

„Wie kann man nur so herzig sein?", flüsterte sie, während sie die Kleine mit Streicheleinheiten verwöhnte. Wie auch am Tag zuvor wurde die Zahl der Interessenten, die sich um die Box scharten, immer größer. Anita gab dem Pony ein Küsschen auf die Stirn und machte den anderen Platz.

„Vielleicht finde ich noch etwas Passendes im Reitsportladen", dachte sie und begab sich zum Stand mit den vielen Halftern. Hohe Ansprüche durfte man nicht haben, wenn man nach Sondergrößen wie Mini-Pony-Halftern suchte. Egal, welches Etikett Anita an den Halftern musterte, es war entweder für Warmblüter, also Größe Full (abgekürzt auch WB), oder sogar noch größer, für Kaltblüter (Größe XFull). Dazwischen gab es nur wenige für Kleinpferde mit der Größe COB oder Vollblut (abgekürzt VB). Vereinzelt fand sie ein paar orangefarbene Ponyhalfter, die aber eher einem Shetlandpony als Porzellan passen würden.

„Orange … so gar nicht meine Farbe …", kam es Anita in den Sinn, während sie sich durch die Halfter wühlte.

Reitsportartikel für Mini-Ponys zu finden, stellte sich für Anita schwieriger heraus, als sie vermutet hatte. Bisher hatte sie sich damit nicht beschäftigen müssen, da all ihre Pferde die Größe FULL/WB trugen.

Zurück im Stall bei Escada, Rubineska, Rubjen und Rubielle traf sie ihren Freund an. Er baute gerade einen Mast auf, an den er einen alten ausgedienten Adventskranz vom Vorjahr hängte. Es war das letzte Training vor dem Bewerb, und sowohl ihre Haflingerstute Escada als auch die Schimmelstute Rubineska waren bei der Kranzlstech-Übung ganz bei der Sache.

Mit einem kribbeligen Gefühl im Magen ging Anita zu Bett. Das Geschicklichkeitsturnier am kommenden Tag ging ihr nicht aus dem Kopf. Ob sich ihre Pferde wohl so kooperativ verhalten würden, wie sie es von ihnen gewohnt war? Oder würde ein Fail passieren?

Aber natürlich musste sie auch an das Verlosungspony denken. Wo würde es wohl hinkommen? Was würde das kleine Pony wohl noch alles erleben?

In zwei Tagen würde sie mehr wissen, und was dann passierte, würde ihr gar nicht gefallen …

# KAPITEL 6

# Escada

Samstag. Der Tag des Geschicklichkeitsturniers war gekommen. In aller Früh, noch bevor ihr Wecker läutete, sprang Anita schwungvoll aus dem Bett. Sie war absolut kein Morgenmensch. Schon zu Schulzeiten hatte sie sich nur mühsam aufgequält, und am Wochenende war sie von ihren Eltern zum Mittagessen geweckt worden.

„Du verschläfst ja sonst den ganzen Tag", hatte ihre Mutter sie immer ermahnt. Nur wenn es um Pferde ging, verschwand Anitas Wunsch, lange zu schlafen, augenblicklich. Heute war ein solcher Tag. Sie stellte sich zügig ein Outfit für das Turnier zusammen. Im Gegensatz zu Spring- oder Dressurturnieren musste sie heute keine weiße Reithose tragen. Das Reglement beim Geschicklichkeitsreiten war viel lockerer. Sie schlüpfte in ihr Lieblingsshirt, kramte in einer unordentlichen Lade nach Reitsocken und griff mit der anderen Hand nach ihrer braunen Reithose. Wie immer, bevor sie zu einem Turnier fuhr, schrieb sie zuhause eine To-do Liste. Ohne ging es nicht. Anita konnte nicht nachvollziehen, dass es Menschen gab, die sich alles merken konnten, ohne etwas zu notieren. Wenn Anita früher verreist war und einen Koffer gepackt hatte, hatte sie meistens etwas vergessen. Also hatte sie sich angewöhnt, alles akribisch zu notieren. Das Abhaken der einzelnen Punkte hatte für sie etwas Schönes an sich.

Heute war es wichtig, kein Reitzubehör für die Pferde zu vergessen. Zu oft hatte Anita den Erzählungen von Freundinnen gelauscht, die erst am Turniergelände bemerkt hatten, dass sie nicht an den Sattelgurt oder die Trense gedacht hatten! So etwas durfte ihr auf keinen Fall passieren! Somit nahm sie sich die fünf Minuten, verscheuchte ihren Kater Maui vom Sessel, auf dem er es sich gemütlich gemacht hatte, und kritzelte alles Wichtige zusammen.

„Schabracke, Trense, Sattel, Sattelgurt, Leckerlis, Helm, Reitstiefel, Wassereimer, gefüllte Heusäcke und ein paar Äpfel – ich hoffe, ich habe nichts vergessen", ging Anita ihre Notizen noch einmal durch.

In der Hoffnung, dass sie im Stall keine böse Überraschung erleben würde, fuhr sie los. Schlechte Erfahrungen hatte sie zu Genüge gemacht. Egal, ob ein Fotoshooting oder ein besonderes Turnier, ihre Schimmelstute Rubineska zeigte ihr immer wieder, wie gerne sie doch ein Brauner wäre. Zumindest machte das den Anschein, da sie stets die Gabe hatte, sich vor wichtigen Anlässen im Dreck zu wälzen. Auf ihrem weißen Fell war der Schmutz dann meist schwer zu beseitigen. Darum verzichtete Anita auf das mühselige Waschen am Vortag, da auch eine Stalldecke diese Mistflecken nicht fernhalten konnte.

„Nimm doch für Rubineska einen Ganzkörper-Sleezy, damit bleibt sie picobello sauber, und du ersparst dir eine Menge Arbeit, Anita", hatte ihr einmal eine Freundin erklärt. Weil sie der Empfehlung gegenüber skeptisch war, hatte Anita bis heute keinen bestellt. Zu merkwürdig sahen diese Schlafanzüge für Pferde aus, die von Kopf bis zu den Hufen reichten und somit das komplette Pferd einpackten. Allerdings wäre es der lieben Rubineska dann unmöglich, sich in letzter Sekunde noch mit ihrem Kopf in den Pferdehaufen zu legen, wie es schon des Öfteren geschehen war. In diesen Momenten konnte Anita alle Schimmel-Skeptiker nur zu gut verstehen.

Anders verhielt es sich bei ihrer Haflingerstute Escada. Sie benahm sich wie eine Lady und machte sich nie dreckig. Anita zog daher nur die wenigen Sägespäne-Flocken, die sich in ihrem Schweif verfangen hatten, heraus. Mit ihrer weichsten Bürste, der Kardätsche, strich sie über ihren Rücken, bis das Fell golden glänzte.

„Wie ein frisch gebratenes Fischstäbchen", sagte sie zu ihrer Stute. So kam Escada auch zu ihrem ausgefallenen Spitznamen „Goldenes Fischstäbchen".

Rasch waren alle Utensilien auf der To-do-Liste abgehakt und in der kleinen Sattelkammer des Pferdeanhängers verstaut. Anita streifte ihren zwei Stuten noch ein sauberes Halfter über, welches sie nur für besondere Anlässe verwendete. Ohne zu zögern, stiegen beide Pferde artig in den Pferdeanhänger, und mit einem leicht mulmigen Gefühl fuhr Anita los.

„Ich bin schon gespannt auf das Verlosungspony. Schließlich sehe ich es heute zum ersten Mal!", versuchte Anitas Freund sie abzulenken.

Mit Pferden dauerte die Fahrt noch länger als an den Tagen zuvor, da sie die Geschwindigkeit an den Anhänger anpassen mussten. Anitas Hände fingen an zu schwitzen, und sie versuchte sie an ihrer Hose abzutrocknen. Gleichzeitig schien sich ein kleiner Maulwurf durch ihren Bauch zu wühlen. Zumindest hatte sie dieses Gefühl. Lampenfieber kannte sie so gut wie nie, weder bei großen Moderationen vor hunderten Menschen noch vor Fernseh- oder Radioauftritten. Dabei war Letzteres ihr eigentlicher Job, und da ging es um viel mehr. Trotzdem hatte sie zittrige Knie, nasse Hände und ein mulmiges Bauchgefühl immer nur kurz vor Ankunft auf dem Turniergelände, egal wie groß oder klein der Wettbewerb war. So auch dieses Mal.

„Lass dich drücken", versuchte Anitas Freund sie zu beruhigen. Mit seiner Unterstützung waren beide Pferde flott gesattelt und getrenst.

„Bin ich jetzt dein Knappe? Dein Turniertrottel?", scherzte er, während sie das Veranstaltungsgelände betraten. Er führte Rubineska zum Reitplatz, während Anita mit Escada ging.

„Na ja, eher meine Turnierbetreuung! Oder mein Turniergehilfe! Oder welche netten Umschreibungen gibt es noch für die armen Menschen, die einem den ganzen Tag alle Dinge hinterhertragen?"

Mit einem dankbaren Blick drückte ihm Anita Escadas Zügel in die Hand, während sie zur Meldestelle lief, um sich für den Wettbewerb anzumelden. Nach ein paar Minuten war sie wieder zurück.

„Es geht gleich los! Wir müssen uns schon aufwärmen! Ich habe Startnummer vier!"

Mit geschickten Handgriffen band sie ihre Haare zu einem Zopf zusammen, setzte den Helm auf und schwang sich in Escadas Sattel.

Die Showeinlage des Reitvereins Stassing hatte bereits begonnen. Die Springquadrille war der letzte Programmpunkt vor dem Geschicklichkeitsturnier. Einige Starter tummelten sich bereits auf dem Abreiteplatz.

„Was soll schon passieren? Ich hab Startnummer vier – meine Lieblingszahl", sprach sich Anita selbst Mut zu, als sie mit ihrer Haflingerstute an drei Westernreitern vorbeiritt. Im Gegensatz zu den gängigen Turnieren wie Dressur und Springen waren hier Pferde unterschiedlichster Rassen und Reitweisen vertreten. Hier wurde niemand schräg angesehen, und keiner von oben bis unten gemustert. Es herrschte eine sehr harmonische und positive Stimmung, und jeder hatte Spaß.

Beim Aufbau des Parcours hatte man sich für die diesjährige Veranstaltung neue Stationen überlegt. Drei bunte Luftballons tanzten im Wind. Daneben tat es ihm ein in Fransen geschnittener Duschvorhang gleich, der als Station „Flattervorhang" betitelt war. Auch eine kleine Brücke aus Holz mussten die Pferde überqueren. Schnell versuchte sich Anita die Reihenfolge der einzelnen Aufgaben zu merken und strich dabei ihrer Stute beruhigend durch die – dank des Mähnensprays – ziemlich glitschige Mähne.

„Die Haare deiner Stute sind so schön", schwärmte ein Mädchen auf einem Isländer, der von seiner Reiterin mit einem Knotenhalfter geritten wurde.

„Danke! Ich finde es toll, dass du gebisslos reitest!", erwiderte Anita freundlich, um dem Mädchen ein Kompliment zurückzugeben.

„Die auf dem dunklen Traber ist die erste Starterin!"

„Ah, danke", antwortete Anita.

„Das ist Celina Steinhauser. Kennst du sie?"

Anita grübelte, da ihr der Name irgendwie bekannt vorkam, dachte aber nicht weiter darüber nach.

„Anita auf Escada!", tönte es wenig später aus den Lautsprecherboxen.

„Ihr seid dran! Viel Glück!", grinste das Mädchen freundlich, während sein Isländer geduldig dastand. Mit einem Blick zur Bande vergewisserte sich Anita, ob bei ihrem Freund alles in Ordnung war. Er war damit beschäftigt, mit einer Hand Rubineska zu halten und mit der anderen ein möglichst wackelfreies Video zu filmen.

„Du schaffst das!", rief er ihr zu.

Escada meisterte alle Aufgaben bravourös. Sie war super wendig, und nur aufgrund eines Fehlers von Anita ernteten sie zwei Strafpunkte. In der Eile war sie beim Cavaletti von der linken statt von der geforderten rechten Seite des Pferdes aufgestiegen. Trotzdem waren sie das schnellste Paar. Überglücklich umarmte sie ihre Stute und flüsterte:

„Auf dich ist einfach Verlass, Scadi!"

Wo wäre die semmelfarbene Stute mit der langen Mähne jetzt, wenn Anita und ihr Freund sie nicht vor einigen Jahren – an einem Tag im September – auf einer Pferdezuchtveranstaltung entdeckt hätten. Schon damals hatte Escada etwas Einzigartiges an sich gehabt. Zwischen all den Haflingern, welche dort ausgestellt waren, hatte sie einfach herausgestochen. Seither waren Anita und Escada ein unzertrennliches Team, wie Barbie und Ken oder Super Mario und Luigi, und hatten unzählige schöne gemeinsame Momente erlebt. Unvergessen war der Ritt an einem Strand in Italien und Escadas großer Vertrauensbeweis, als sie Anita in das dunkle, rauschende Meer folgte.

„Soll ich dir Escada abnehmen? Wann bist du mit Rubineska dran?" Ihr Freund stand wie ein geschmückter Weihnachtsbaum, nur ohne Lichterkette, vor ihr. In der einen Hand die Zügel von Rubineska haltend, den anderen Arm bepackt mit Kamera, Leckerlisack und ihrer Handtasche, war er witzig anzusehen.

„Anita auf Rubineska!", tönte es aus den Lautsprechern. Wie es wohl mit ihr klappen würde?

# Kapitel 7

# Geschicklichkeits- turnier

„Beeil dich", drängte sie ihr Freund, als Anita in Rubineskas Sattel stieg. Das ehemalige Problempferd blieb – unbeeindruckt vom lauten Treiben um sie herum – ganz ruhig stehen. Nichts erinnerte mehr an das Pferd von früher, welches als nicht wirklich reitbar gegolten hatte. An Ausreiten war damals gar nicht zu denken gewesen, da sie statt auf vier Beinen meist nur auf zweien unterwegs gewesen war. Sie stieg und wehrte sich mit allem, was sie hatte. Schon die einfachsten Aufgaben, wie das Führen auf den Waschplatz, hatten sich als reinste Tortur herausgestellt. Rubi hatte kein Vertrauen zum Menschen gehabt, und sie war mit ihrer Situation als reines Dressurpferd nicht glücklich gewesen. Nun genoss sie ihr Leben inmitten ihrer Pferdefreunde und ihrer zwei Fohlen. Mit ihrer neuen Besitzerin Anita machte sie jeden Quatsch mit. So sehr vertraute sie ihr.

Anita konnte sich noch gut an den Tag erinnern, als ihre Trainerin Anna sie gefragt hatte: „Suchst du noch ein Pferd, Anita? Möchtest du Rubineska haben?"

Diese Worte hatten sich eingebrannt. Der Zeitpunkt war perfekt gewesen, nur nicht für Anitas Studium. Sie war in einer der wenigen motivierten Phasen des „Ich schreibe jetzt die Diplomarbeit fertig"-Plans gewesen. Ganz zur Freude ihrer Eltern, die ihre Tochter endlich mit einem Abschluss sehen wollten. Rubineska wurde gekauft. Die Diplomarbeit war bis heute nicht fertig geschrieben worden.

Allein die Abneigung gegen Elektrozäune war aus Rubineskas Vergangenheit geblieben. Ihr gelassenes Gemüt konnte innerhalb von Sekunden in den Modus „unentspannt" umschalten, sobald sie das Knacksen eines Elektrozaungerätes vernahm. „Knacks. Knacks." Meist wurde dies durch Grashalme oder Zweige verursacht, die das weiße Elektroband berührten.

Auch Kühen begegnete Rubi ungern. Ansonsten blieb sie tiefenentspannt. Auch jetzt beim Geschicklichkeitsturnier in Stassing, als Anita – diesmal von der richtigen Seite – vom Cavaletti aufstieg.

„Der Fehler passiert mir nicht noch einmal", dachte sie sich, während sie sich vorsichtig in den Sattel hievte.

„Escada ist von ihrer Größe her praktischer als du, Rubi. Vielleicht legst du dich fürs nächste Aufsteigen nieder!", murmelte Anita, während sie achtsam und so sanft wie möglich in den Sattel glitt, um ihrer Stute nicht in den Rücken zu plumpsen. Da beim Geschicklichkeitsparcours die schnellste Zeit zählte, trabten sie sofort zum ersten Hindernis. Mit drei Luftballons in der Hand durchquerte Anita auf ihrer Stute einen am Boden liegenden Stangensalat. Tapfer stieg Rubi durch die kreuz und quer platzierten Holzstäbe, die an das Spiel Mikado erinnerten. Glücklich lobte sie ihre Schimmelstute, als sie ohne Fehler den Platz verließen.

„Du bist so toll, Rubi! Danke!" Liebevoll strich Anita ihr über die Mähne. „Auch wenn wir nicht so schnell waren wie Escada."

Die beiden verließen den Platz. Sie ritten an einer Armada an Reitern vorbei, die sich am Vorbereitungsplatz für ihren Start aufwärmten.

„Bis da alle Starter mal dran waren, dauert es sicher noch eine Stunde", murmelte Anita.

Sie nutzte die Zeit bis zur Siegerehrung für ein erstes Kennenlernen ihrer Stuten mit dem Verlosungspony, in das sich Anita unsterblich verliebt hatte. Die Menschentraube rund um Porzellan war noch viel größer als an den Tagen zuvor.

„Schau, Scadi – das ist ein kleines Mini-Pony!", sagte sie zu ihrer Haflingerstute. Interessiert beschnupperten sich Escada und das Pony. Kein Quietschen, kein zorniges Aufstampfen mit den Vorderbeinen, kein Ohrenanlegen.

„Normalerweise zickt ihr doch immer bei fremden Pferden", stellte Anita fest. Überrascht streichelte sie ihre Stuten, die Porzellan neugierig beobachteten. Frech stahl Escada dem Pony etwas Heu aus dem Netz. Rubi brummte das kleine Ponymädchen an.

„Sie hat ja direkt Muttergefühle", plapperte eine junge Frau nebenan verzückt.

Die Bilder, wie sich Rubineska liebevoll um Rubjen und Rubielle als Fohlen gekümmert hatte, waren für Anita so präsent wie nie.

„Moi, Rubi! Aber das ist nicht dein Baby", sagte sie.

Sie strich vorsichtig über die kleine fehlende Stelle an Porzellans Ohr. Die Bissverletzung aus Fohlentagen schien sie nicht zu stören oder zu beeinträchtigen.

„Alle Teilnehmer des Geschicklichkeitsturniers werden aufgefordert, sich am Reitplatz einzufinden!"

Die Durchsage ertönte über das gesamte Gelände und unterbrach ihre Zeit bei dem Verlosungspony. Hatte sich Anita platzieren können?

# Kapitel 8

# *Enttäuschung*

Anita war die einzige Starterin, die mit zwei Pferden am Wettbewerb teilnahm. Sie ritt auf Rubineska und führte Escada als Handpferd auf den Wiesenreitplatz zur Siegerehrung. Inmitten der Teilnehmer entdeckte sie auch Herrn Steinhauser, den Schlachter. Sie hätte ihn beinahe nicht erkannt. Er sah heute ganz anders aus als am Tag zuvor. Er trug einen Hoodie und Jeans, dazu modische Sneaker. Er stand neben einem braunen Traber und hielt die Zügel. Anita erkannte das Pferd.

„Das ist doch der Traber, von dem das Mädchen auf dem Isländer erzählt hat", dachte sie sich. Erst jetzt fiel ihr das Logo auf dem Hoodie der Reiterin auf. Es war ident mit dem Logo, das auf dem Hoodie des Schlachters zu sehen war.

Anita beobachtete das Mädchen. Celina war also die Tochter des Schlachters. Angespannt saß sie auf ihrem Traber und wartete auf die Siegerehrung. Auch ihr Vater hatte seinen Blick starr nach vorne gerichtet. Jetzt wusste sie endlich, was ihn auf die Veranstaltung geführt hatte.

Eine große Kiste, gefüllt mit vielen Preisen, wurde auf den Platz getragen. Anita erhaschte einen Blick auf die Gewinne, und neben einigen Geschenkkörben voller Leckereien sah sie große Schilder mit der Aufschrift „Gutschein Zirkus Filippo". Daneben stapelten sich einige Schabracken, Halfter und Stricke, auf die es Anita besonders abgesehen hatte. Insgeheim erhoffte sie sich eine Platzierung, bei der sie als Preis ein Halfter oder einen Strick erhielt, denn davon konnte man nie genug haben.

Zunächst wurden allen Teilnehmerinnen Gewinnschleifen und kleinere Preise überreicht, dann wurden die Platzierten vom Turniersprecher in der Reihenfolge von hinten nach vorne aufgerufen. Platz 4 kam also zuerst an die Reihe.

„Joelle auf Mina! Herzliche Gratulation zu Platz 4!"

Ein hübsches Mädchen mit großen Augen ritt auf ihrem jungen Wallach auf den Schiedsrichter zu. Sie beugte sich von ihrem 170 cm großen Ross herab, um dem Veranstalter die Hand zu schütteln und den Pokal und ein Halfter entgegenzunehmen. Der Schiedsrichter lächelte und steckte dem Pferd eine grüne Schleife an das Zaumzeug. Anita blieb keine Zeit, genauer über die Preise oder über den Schlachter Steinhauser und seine Tochter nachzudenken, da bereits die nächste Platzierung aufgerufen wurde.

„Auf Platz 3, und dafür bitte ich um einen Applaus: Celina auf Tornado!"

Anstatt sich darüber zu freuen, biss Celina die Zähne zusammen, und Herr Steinhauser drehte sich kopfschüttelnd um und verließ den Platz.

„Wenn meine Eltern früher so reagiert hätten", murmelte Anita zu sich selbst, während sie Escada davon abhielt, nonstop zu fressen, „wäre ich am Boden zerstört gewesen. Celinas Vater sah ja alles andere als zufrieden aus."

Traurig sah Celina ihrem Vater nach und verlor dabei einen Moment lang die Kontrolle über ihr Pferd. Als ihr Wallach unruhig am Stand zu tänzeln begann, riss sie grob an den Zügeln. Rubineska und Escada blickten neugierig in deren Richtung. Ohne eine Miene zu verziehen, nahm Celina gleichgültig den Pokal entgegen.

„Da ist jemand sichtlich enttäuscht", zischte eine ältere Frau, die von der Bande aus zusah.

„Wir gratulieren zu Platz 2 – bitte Applaus für ... Anita auf Escada!", tönte es aus den Lautsprecherboxen.

Celina funkelte böse in Anitas Richtung, die ihr Gesicht überglücklich in Escadas Mähne vergrub.

„Scadi, du bist die Beste!", jauchzte sie, während der Schiedsrichter mit dem Veranstalter auf sie zukam.

„Herzlichen Glückwunsch, ganz schön flotte Runde, ihr zwei", sagte der Schiedsrichter im schicken Anzug.

Er überreichte Anita einen goldglänzenden Pokal und eine kleine grüne Plastikplakette, welche man im Stall als

Erinnerung an die Boxentür montieren konnte. Escada ließ sich von der roten Turnierschleife nicht stören, welche an ihrem Zaumzeug angebracht wurde. Stattdessen versuchte sie, ihren Kopf in den großen Geschenkkorb zu stecken, um ihn nach Leckereien abzusuchen.

„Scadi, bitte! Das ist ja peinlich", tadelte Anita ihre verfressene Stute.

Völlig unbeeindruckt stand Rubineska daneben und döste mit entspannter Unterlippe, während Escada am liebsten komplett im Geschenkkorb versunken wäre. Kein Wunder, es waren doch tatsächlich Leckerlis darin.

„Gratuliere!", rief das Mädchen auf dem Isländer.

„Danke dir", antwortete Anita, als der Sprecher den Sieger des Geschicklichkeitsturniers verkündete.

„Rubineska und ich können es nicht sein, wir waren viel zu langsam", dachte sie sich.

„Platz 1 geht an ... Amelie auf Topas!"

Verdutzt blickte das Mädchen auf dem Isländer Anita an.

„Oh, mein Gott! Ich habe gewonnen!", kreischte sie vor Freude.

„Haha! Na bitte! Ich gönn es dir!", rief ihr Anita noch nach, bevor Amelie auf den Schiedsrichter zuritt.

„Wie unterschiedlich Reaktionen sein können", dachte sie sich, da Amelie strahlte, als hätte sie soeben fünf

Millionen Euro im Lotto gewonnen. Celina würdigte sie keines Blickes. Die Ehrenrunde im Galopp stand an, und Anitas Freund, der aus der Nähe alles mit der Videokamera festhielt, nahm ihr den Geschenkkorb und den Pokal ab. Im Galopp ging es zwei Runden um den Grasreitplatz. Zuerst der Isländer, dahinter Anita mit Rubineska und Escada als Handpferd, danach Celina auf Tornado und Joelle auf Mina. Argwöhnisch beobachtete Anita, wie Celina ihren Traber mit harter Hand ritt, während Amelie ihren Isländer am lockeren Zügel am Knotenhalfter führte. Was war mit Celina los? Bekam sie so einen Druck von ihrem Vater oder hatte sie einfach kein Händchen für Pferde?

Ein toller Tag neigte sich dem Ende zu. Nach einigen Gruppenfotos ging es zurück zum Pferdetransporter. Vorher aber musste Anita unbedingt noch einen Abstecher zum Verlosungspony machen. Sie wollte es ein letztes Mal streicheln, ein letztes Mal knuddeln, bevor das Pony am nächsten Tag den Besitzer wechseln würde. Am Sonntagnachmittag war die große Verlosung. Doch Porzellan ahnte davon nichts und schnaubte Anita vorsichtig an.

Auch dieses Mal stiegen Escada und Rubineska, ohne zu zögern, in den Pferdeanhänger. Während der Heimfahrt schwirrten Anita noch einige Gedanken im Kopf herum. Morgen stand das Kranzlstechen auf dem Programm. Wie sie da wohl abschneiden würde? Viel gespannter aber war sie auf die Verlosung. Wer würde wohl das Pony gewinnen?

Tagsüber hatte Anita in dem ganzen Trubel weder auf den schrägen Ponyzüchter noch auf den grimmigen Schlachter achten können. Sie hatte keine Ahnung, wie viele Lose die beiden gekauft hatten. Wer würde morgen so viel Glück haben und der neue Besitzer des Verlosungsponys werden? In Gedanken an das Pony schlief Anita endlich ein, aber sie hatte eine unruhige Nacht.

# Kapitel 9

# Sonntag

Der nächste Tag. Sonntag. Es war so weit. Geschlaucht von einer anstrengenden Nacht, in der sie sich – geplagt von düsteren Träumen – von einer Seite auf die andere gewälzt hatte, erhob sich Anita und schlüpfte trotzdem hochmotiviert in ihre Reitsachen. Nachdem sie am Vortag sämtliches Reitzubehör in der Sattelkammer des Pferdeanhängers gelassen hatten, war diesmal nicht viel zu tun. Für den letzten Glanz wischte Anita mit einem Lederpflegetuch, das eigentlich für Ledermöbel in der Wohnung gedacht war, über ihr Sattelzeug.

„Das ist das beste Last-Minute-Putzen", rief sie ihrem Freund entgegen, der mit einem Eimer voller Äpfel um die Ecke bog.

„Hast du den Fleck an Rubi schon gesehen?", grinste er sie an.

„Oh nein! Sag nicht, dass sie sich schon wieder eine Schlammpackung gemacht hat!"

Ärgerlich kramte Anita nach ihrer Waschbürste und einem Shampoo.

„Diesmal war es eine Gesichtsmaske", ihr Freund deutete auf seine Wange.

Anita seufzte. Ihre Lust auf eine ausgiebige Reinigungssession hielt sich in Grenzen.

„Man sollte ihr einmal erklären, dass der Matsch hier am Boden keine Heilerde ist und er daher auch keine verjüngende Wirkung hat", brummte sie.

Verschmitzt deutete ihr Freund ohne Worte auf seine blitzblank geputzte Stute Jessy.

„Haha! Na, wenn du schon fertig bist, überlasse ich dir gerne die Beautysession mit Rubineska!", lachte Anita.

„Danke, kein Bedarf. Da bist du die Expertin", neckte er sie.

Anita machte sich an die Arbeit und schrubbte Rubineskas Kopf sauber. Escada bekam einige Spritzer vom Mähnenspray in ihre wallende Mähne, und dann ging es mit dem Pferdetransporter zum letzten Mal an diesem Wochenende nach Stassing.

Am Weg zum Abreiteplatz, auf dem sich bereits einige Reiter aufwärmten, begegneten ihnen ein paar Zirkuspferde: ein grau-weiß gescheckter Tinker und zwei Ponys, welche auffällige weiße Trensen mit Nieten trugen. Unter dem weißen Sattel lag eine rote Schabracke mit goldener Kordel und Fransen am Rand.

„Die Zirkusshow ist schon vorbei. Jetzt geht's bald mit dem Kranzlstechen los!", sagte Anita zu ihrem Freund, während er neben ihr und den Pferden Richtung Reitplatz marschierte. Von Weitem spähte Anita zur Box, in der Porzellan untergebracht war. Aber vor lauter Menschen konnte man sie nicht sehen. In ein paar Stunden würde feststehen, wem sie gehören würde.

„Hi, Anita! Du startest auch beim Kranzlstechen?" Amelie ritt ihr auf ihrem Isländer Topas entgegen.

„Oh, die Konkurrenz von gestern!", scherzte Anita. Ihr Gesicht wurde ernster, als sie an der Ecke des Reitplatzes den Züchter Kollinger entdeckte. Er war umringt von den zwei Los-Verkäuferinnen, welche dank ihrer roten Kappe und dem roten Shirt deutlich aus der Menge herausstachen. Anita ritt näher heran, um das Gespräch belauschen zu können. Hatte er es tatsächlich auf das Pony abgesehen?

„Ach, gib mir einfach den ganzen Stapel", sagte Uwe Kollinger genervt zu einer der Losverkäuferinnen.

„Ja, aber dann haben wir keine mehr, und die drei Mädels dort drüben hätten auch gerne noch Lose!", antwortete die andere Losverkäuferin.

„Ist mir egal! Wollt ihr nun mein Geld oder nicht?", drängte er sie.

Ohne Widerspruch nahmen die zwei Mädchen die Bezahlung entgegen und gaben ihm alle verbliebenen Lose. Für einen kurzen Moment schlich sich ein zufriedenes Lächeln in sein Gesicht, bevor er die Lippen wieder fest aufeinanderpresste und sich sein Gesicht verhärtete.

„Er will das Pony haben! Unbedingt! Und wenn es ihm nur darum geht, der Züchterin eins auszuwischen", dachte Anita.

Das Kranzlstechen startete. Anita nahm zwar teil, in Gedanken war sie aber woanders. Der entschlossene Auftritt des Züchters und die ausverkauften Lose gingen ihr nicht aus dem Kopf. Hinzu kam die Erinnerung an den Schlachter und seine ruppige Tochter bei der gestrigen Preisverleihung. Die Frage, wer wohl in wenigen Stunden mit dem Pony nach Hause fahren würde, ließ sie nicht mehr los.

Etwas abwesend freute sich Anita über die Tatsache, dass sie sich mit Escada für die nächste Runde qualifiziert hatte. Ähnlich wie beim Geschicklichkeitsturnier starteten zwei Reiter gleichzeitig, und der Gewinner stieg in die nächste Runde auf. Jeder auf seiner vorgegebenen Bahn. In der einen Hand die Zügel des Pferdes, in der anderen Hand den Holzstab, mit dem man möglichst im Galopp durch den aufgehängten Kranz stechen sollte. Danach mussten beide Reiter um eine Tonne wenden und so schnell wie möglich zurück ins Ziel reiten. Es galt der Schnellste zu sein und mit dem Kranz vor dem Gegner die weiße Linie zu erreichen.

Auch Rubineska galoppierte brav rund um die Tonne. Obwohl Anita nur mit einer Hand ritt, war Rubi toll zu händeln. Die beiden peilten den Kranz an, den es herunterzustechen galt. Anita hob ihre Stange, um besser zielen zu können. Plötzlich spürte sie den bohrenden Blick des unsympathischen Züchters. Er starrte sie direkt an.

Ein Raunen ging durch die Menge, als Anitas Stab knapp am Kranz vorbeiglitt und ihn verpasste. Verwirrt drehte sich Anita um. Ihr Kranz hing tatsächlich noch am Mast.

„In die nächste Runde kommt: Emily auf Cara!"

Mit Rubineska war Anita somit ausgeschieden und konnte nicht in das nächste Rennen aufsteigen.

„Es war nicht deine Schuld", sagte Anita, als sie ihrer Schimmelstute den Mähnenansatz kraulte, „Wie konnte ich mich nur so ablenken lassen?"

„Na, keine Lust mehr?", scherzte ihr Freund ironisch.

„Hast du nicht den Typen mit den Geheimratsecken gesehen?"

„Nö. Wo?"

„Für die nächste Runde bitten wir Anita auf Escada und Celestine auf Diabolo auf den Platz!" Die Durchsage war auf dem gesamten Gelände zu hören. Anita hatte keine Zeit mehr für Erklärungen und schwang sich flott in Escadas Sattel.

„Erzähl ich dir später!", rief sie, während sie zum Start trabte.

Obwohl Anitas Pferd ihre Anspannung spürte, wollte sich Escada die Zeit nehmen, ein paar Grashalme zu ergattern. Zumindest hatte sie es vor! Die saftige Wiese war allzu verlockend. Aber Anita kannte ihre Stute zu gut. Die Sprache der Pferde war zwar ohne Worte, aber doch sehr deutlich. Allein ihr Blick, die Stellung ihrer Ohren, spätestens aber das Absenken des Kopfes signalisierten Anita, was Escada vorhatte. Doch sobald Escada nur mit ihrer Körpersprache „fragte", ob sie fressen dürfte, antwortete ihr Anita so, dass sie es verstand. Sie zeigte ihr mit einem zischenden „Scaaadiiii" deutlich, dass sie dies doch besser unterlassen sollte. Auf den Snack musste sie fürs Erste verzichten, Zeit zu fressen gab es jetzt nicht.

Anita rechnete sich keine Chancen aus, als sie ihre Konkurrentin auf einem Vollblüter sah.

„Egal, was passiert, Scadi, du bist die Beste!", flüsterte sie ihrer Stute zu. Die beiden warteten an der Startlinie auf das Go.

Die zweite Runde startete. Escada galoppierte motiviert an. Dieses Mal traf Anita den aufgehängten Kranz, aber es reichte trotzdem nicht aus. Sie waren um eine Sekunde langsamer als die andere Starterin auf dem Vollblut.

Anitas Freund winkte ihr von der Bande aufmunternd zu, während er mit der anderen Hand die Videokamera auf die beiden hielt.

„Escada war super! Richtig motiviert heute!", rief er laut, als er von der Durchsage unterbrochen wurde. „In die nächste Runde steigen auf: Celestine und Diabolo!"

„Danke Scadi, für deinen tollen Einsatz!" Anita beugte sich vor und tätschelte ihren Hals. „Man kann nicht immer gewinnen!"

Die beiden verließen den Reitplatz am langen durchhängenden Zügel und machten Platz für das nächste Starterpaar, welches bereits ausgerufen worden war. Anita durchkämmte mit ihrem Blick das Publikum, welches von der Bande aus zusah. Ihr Freund kam ihr entgegen. Überraschend entdeckte sie hinter ihm den Schlachter. Ungeduldig blickte er immer wieder auf die Uhr.

# Kapitel 10

# Verlosung

Sie sattelten Rubineska und Escada ab und verstauten alle Sachen im Pferdeanhänger. Da sich die Zuchtveranstaltung bald dem Ende näherte, waren schon einige Züchter mit ihren Tieren abgereist, und somit standen viele Ausstellungsboxen bereits leer.

„Lassen wir Rubi und Scadi hier grasen?", fragte Anita. Ihr Freund nickte zustimmend.

Ihnen blieb nicht viel Zeit bei den Pferden, da durch die Lautsprecherboxen die Siegerehrung des Kranzlstechens verkündet wurde. Anschließend stand die große Verlosung auf dem Programm. Als sie den Rasenreitplatz erreichten, sahen sie, dass der Veranstalter bereits begonnen hatte, die Preise fürs Kranzlstechen zu überreichen. Neben den vier Platzierten stand der Schiedsrichter mit einem großen Korb, der über und über mit Siegerschleifen gefüllt war. Wie bereits am Vortag wurden auch Freikarten für die Show des Zirkus Filippo verteilt, die der Zirkus gestiftet hatte.

Hunderte Interessierte drängten sich bereits an der Bande rund um den Reitplatz. Weitaus mehr als an den Tagen zuvor. Niemand wollte die Verlosung verpassen, da die Preise nur unter den Anwesenden vergeben wurden. Falls das gezogene Los jemandem gehörte, der nicht mehr am Gelände war, wurde sofort erneut gezogen. So lange, bis ein Gewinner vor Ort war. Anita blickte durch die Menschenreihen. Viele starrten auf die Mitte des Platzes, einige begutachteten ihre Lose und manche hatten so viele davon, dass sie diese der Losnummer nach ordneten, um einen besseren Überblick zu haben.


Anita und ihr Freund suchten rund um den Reitplatz eine freie Lücke, durch die sie sich nach vorn drängen konnten, um eine bessere Sicht auf den Platz und die Verlosung zu haben.

In ihrem Kopf ging es rund. Sie überlegte, wohin sie laufen müsste, falls sie wirklich gewinnen würde. Wie würde sie reagieren? Sollte sie laut aufschreien oder nur aufzeigen, um die Leute von der Ziehung auf sich aufmerksam zu machen. Plötzlich bekam sie Angst, dass man sie übersehen und einfach neu ziehen würde.

Anita befand sich wieder einmal mitten in einer Gedankenachterbahn. Nervös drückte sie ihrem Freund ihr kleines Bündel Lose in die Hand.

„Ich bin zu aufgeregt! Kannst du die Lose für mich ordnen, bitte?"

„Nach der Nummerierung, oder?", fragte ihr Freund.

„Ja, das wäre super, danke!", sagte Anita.

„Schön, dass Sie so zahlreich erschienen sind! Vier wunderschöne Tage neigen sich dem Ende zu", mit diesen Worten eröffnete der Veranstalter seine Rede. Er stand in der Mitte des Reitplatzes – dort, wo zuvor noch die Wettbewerbe stattgefunden hatten –, gemeinsam mit der Bürgermeisterin des Ortes. Neben ihnen stand ein Holztisch, auf dem sich die Tombolapreise befanden. Das Stanniol der großen Geschenkkörbe glitzerte in der Sonne. Daneben stapelten sich Abschwitzdecken und Halfter. Die Menge applaudierte. Die Züchterin Silvia Harreiter führte das kleine Pony durch ein Tor an der Seite auf den Reitplatz. Das Gedränge an der Bande wurde immer größer. Die Zuschauer und Zuschauerinnen standen in mehreren Reihen hintereinander und rangelten um die besten Plätze, um ja nichts zu versäumen. Von ihrem Platz aus konnte Anita den Züchter Uwe Kollinger entdecken. Er stand ganz vorne am Zaun und hatte seine Augen starr auf das Pony gerichtet. Auf der anderen Seite des Platzes erspähte Anita Celina, die Tochter des Schlachters. Sie zappelte nervös herum und zählte die Lose, die sie gestapelt in ihrer Hand hielt. Von ihrem Vater war aber nichts zu sehen. Ob er bereits gegangen war? Neben Celina drängelten sich viele junge Mädchen, die wahrscheinlich ihr ganzes Taschengeld zusammengespart hatten, um möglichst viele Lose zu ergattern. So viele, die davon träumten, mit einem eigenen Pony nach Hause zu fahren! Anita erblickte auch zwei Zirkusartistinnen, die auf den Schultern von zwei Kollegen saßen und das Geschehen beobachteten.

Gehorsam folgte das Pony seiner Züchterin, die es auf dem Reitplatz herumführte. Die Verlosung startete.

„Wer möchte das Glücksengerl sein?"

Die Bürgermeisterin wählte aus dem Publikum ein kleines braunhaariges Mädchen in einem türkisfarbenen Sommerkleid.

„Du möchtest die Lose ziehen?"

Ein leises, schüchternes „Ja" war zu hören. Es ging los mit Platz 10. Die Bürgermeisterin hob eine dunkelblaue Abschwitzdecke mit silberner Kordel in die Höhe.

„Und gewonnen hat Losnummer ..."

Anita hoffte insgeheim, nicht die passende Losnummer für diesen Preis zu haben, während sie ihre Zettelchen überprüfte.

„Wenn ich jetzt gewinne, habe ich nachher kein Glück mehr", erklärte sie ihrem Freund.

„Aha! Ist das die Anita-Gewinn-Theorie?", er hielt seinen Kopf schräg und stupste sie an.

„Ich glaube nicht, dass ich gleich zweimal Glück habe, und sieh dir dieses süße, unfassbar liebe und zutrauliche Ponymädchen an!", sagte Anita verträumt.

„Süß, lieb, zutraulich? Was sagst du eigentlich über mich? Toll, gutaussehend, der Typ Mann, den alle Frauen lieben?", scherzte er.

„Psst! Es geht weiter!", flüsterte sie.

Die Geschenkkörbe wechselten nacheinander den Besitzer, und damit stieg die Spannung. Anitas Freund hantierte an der Videokamera und testete verschiedene Einstellungsmöglichkeiten, damit er die Verlosung so gut und schön wie möglich einfangen konnte. Im geplanten Video für Anitas Youtube-Kanal durfte die Verlosung nicht fehlen.

Platz 2 wurde vergeben, und die allgemeine Anspannung war deutlich zu spüren.

„Es ist heute irgendwie anders als bei anderen Pferdeveranstaltungen. Dieses Pony ... Ich weiß nicht ... Es ist, als hätten wir einen besonderen Draht zueinander. Und du hast doch auch die Reaktionen von Escada und Rubi gesehen, stimmt's?", fragte Anita ihren Freund.

Allein der Gedanke, dass in ein paar Minuten die Entscheidung fallen würde, machte sie fertig. Gedanken an früher kamen in Anita hoch. Immer war eine andere die Glückliche gewesen, die das Pony heimführen durfte. Nervös umklammerte Anita die geordneten Lose, die sie vor lauter Aufregung schon ganz zerdrückt und verbogen hatte.

Der Veranstalter bedankte sich ausgerechnet jetzt ausführlich bei all den Sponsoren und machte es unnötig spannend. Die Zeremonie erinnerte Anita an Heidi Klum bei Germany's Next Topmodel. Diese minutenlangen Pausen im Finale, die die Show in die Länge zogen, bevor sie dann schreiend die Gewinnerin verkündete, mochte sie gar nicht. In Stassing kam es ihr genauso vor.

Nachdem sich der Veranstalter endlich bei allen bedankt hatte, begann die Verlosung des Ponys. Anita sah einige genervte Gesichter im Publikum, und der eine oder andere rollte mit den Augen.

Sie malte sich aus, wie harmonisch das Pony mit ihrer kleinen Herde zusammenleben würde. Wie Porzellan mit den anderen auf der saftigen Weide umhergaloppierte, wie sie als kleines Handpferd am durchhängenden Strick neben dem 180 cm großen Riesen Rubjen dahertrappelte. Sie stellte sich vor, dass sich Porzellan am besten mit Rubielle verstehen würde. Sie sah die beiden vor sich, wie sie sich gegenseitig kraulten, wie sie miteinander spielten und herumtollten. Das Pony würde sich auf Kommando niederlegen, steigen, sich im Kreis drehen, das Kompliment machen und noch vieles mehr. Und Anita würde ihnen dabei zuschauen, bis ein kitschiger Sonnenuntergang im Hintergrund sie dazu anregen würde, schöne Handyfotos zu machen.

Die Durchsage des Veranstalters holte Anita zurück aus ihren Träumen. Das Glücksengerl Pia wühlte mit verschlossenen Augen in der Loskiste.

„Misch nochmal gründlich durch, Pia", forderte sie der Veranstalter auf. Es wurde so still, dass man das Radio vom Imbissstand beim Parkplatz hören konnte. Es lief ein Song von Zedd. Die Züchterin legte Runde um Runde mit dem kleinen Pony zurück, bei jeder entgegengestreckten Kinderhand blieb sie stehen, damit alle das Pony streicheln konnten. Anita folgte indessen jeder Handbewegung des Glücksengerls Pia. Bis das Mädchen das finale Los aus dem Topf zog.

„Das ist sicher nicht meines", versuchte Anita sich vor der Enttäuschung zu wappnen.

„Psst", antwortete ihr Freund, der die Kamera auf das Geschehen am Reitplatz hielt.

Das Mädchen überreichte dem Veranstalter den kleinen Zettel, der einen kurzen Blick darauf warf und es dann in seiner Faust versteckte.

„Wer ist wohl der neue Besitzer des kleinen Ponys?", rief er fragend in die Runde.

„Die erste Zahl ist eine 3!", schrie er ins Mikrofon. Gespannt blätterten einige durch ihre Lose. Hastig durchsuchte Anita alle Zettelchen und zog jene, die eine drei an erster Stelle hatten, heraus. Den Rest stopfte sie in ihre Handtasche.

„Nach der drei folgt die vier!", ertönte es.

„Ah, meine Lieblingszahl", dachte Anita, als sie auf ihr Los mit der Nummer 3443 sah. Ihr Freund richtete die Kamera für das Youtube-Video auf die Lose.

„Zwei Zahlen passen", hauchte sie, während sie nervös auf ihr Los starrte. Ihr Freund schwenkte mit der Videokamera über den Platz. Er machte Anita auf die Tochter des Schlachters aufmerksam. Sie hielt einen ganzen Stapel voller Lose in ihren Händen, welche anscheinend alle übereinstimmten. Mit angespanntem Blick fixierte sie die Lose, als würde sie diese hypnotisieren wollen. Im Gegensatz zu Anita, die nur ein passendes Los hatte. Die Züchterin und das Pony hatten mittlerweile den Tombolatisch in der Mitte des Platzes erreicht. Der Veranstalter streichelte dem Pony Porzellan über die weiße Mähne und spähte vorsichtig in seine Faust, in der er das Los verbarg, um die nächste Zahl zu verkünden.

„Bitte eine vier! Bitte eine vier!", hoffte Anita und warf einen ängstlichen Blick auf ihr letztes Los mit der passenden Zahlenkombination „3443".

„So viele wollen dieses kleine Pony – aber nur einer oder eine nimmt es heute mit nach Hause", rief der Veranstalter. „Und die nächste Zahl ist eine ..."

Anita sah ihren Freund an, der auf ihr Los blickte.

„Vier!"

„Oh mein Gott! Oh mein Gott!", keuchte Anita. „Jetzt fehlt nur noch eine Zahl und dann! Und dann!" Anita sprang aufgeregt am Stand herum.

„Eine einzige Zahl trennt uns noch vom Gewinn des Ponys!" Nun wurde auch Anitas Freund langsam unruhig. Er hatte sich von Anitas Euphorie anstecken lassen. Sie konnte es immer noch nicht glauben, dass drei von vier Zahlen auf ihrem Los übereinstimmten.

„Noch nie war meine Chance so groß, dass sich mein Jugendtraum erfüllt", stammelte Anita in die Kamera für ihr Youtube-Video. Sie sah den Ablauf nun ganz klar vor sich, falls sie wirklich gewann: Einfach in die Mitte des Platzes laufen, laut jubeln und ihren neuen Liebling umarmen! Hinter der Kamera grinste ihr Freund sie an. Anita versuchte eine Grimasse zurückzuschneiden, konnte aber vor lauter Aufregung kaum die Mundwinkel bewegen.

76

„Jetzt gleich, in den nächsten Minuten, werde ich wissen, ob das Pony mir gehört. Ob ich den Führstrick überreicht bekomme und mit Porzellan vom Platz gehen darf", teilte sie der Kamera aufgeregt mit.

„Das Pony gewonnen hat …!" Anita wurde aus ihrer Fantasie gerissen. Es war so still, dass man nur das Wiehern der Pferde, die noch ausgestellt waren, hören konnte. Das Verlosungspony spitzte die Ohren.

Der Veranstalter machte es noch einmal spannend, räusperte sich, damit er die Stille durchbrach, und wiederholte zum letzten Mal: „Der zukünftige Besitzer hat auf seinem Los als letzte Ziffer eine …", wieder brach er ab. Ein genervtes Raunen ging durch die Menge.

„Sag's doch endlich!", murrte jemand aus dem Publikum ungeduldig.

Es knackste durch die Lautsprecherboxen, und freudig ertönte vom Veranstalter: „Eine drei!"

Mit großen Augen sah Anita ihren Freund an.

# Kapitel 11

# Ohnmächtig

Anita stand mit offenem Mund da. Sie nahm nichts mehr um sich herum wahr. Sie hörte nur noch ihr Herzklopfen, das nun lauter war als je zuvor. Plötzlich spürte sie einen kräftigen Druck. Ihr Freund schüttelte ihren Arm, während sie immer noch wortlos ins Leere starrte. Er drängte sie:

„Anita, du hast die richtige Zahl! Anita, du hast die Zahl! Dein Los hat gewonnen! Dein Loooos!!"

Ab dem Zeitpunkt lief in Anitas Wahrnehmung alles sehr unwirklich ab. Anstatt jubelnd an der Menge vorbei zum Eingang des Reitplatzes zu rennen und dann freudestrahlend und laut schreiend einzulaufen, wurde sie nur von ihrem Freund mitgezerrt, der sich lauthals meldete, damit der Veranstalter und die Bürgermeisterin wussten, dass sie das Gewinnerlos hatten und nicht ein weiteres Los zogen. Anita hatte gewonnen.

Sie.

Anita musste an die vielen Mädchen denken, die in den Jahren zuvor gewonnen hatten. Als hätte jemand den Fernseher eingeschaltet und eine Fotopräsentation ablaufen lassen, rasten die freudestrahlenden Gesichter an ihr vorbei. Anita erinnerte sich auch an so manche Gewinnerinnen, die in dem Ausnahmemoment viel zu schüchtern waren, um ihre Freude zu zeigen. Oder an andere, die es nicht richtig realisieren konnten. Damals konnte sie nicht verstehen, wie jemand nicht vor Freude taumelnd zum gerade gewonnenen Pony laufen konnte.

Anitas Freund war – im Gegensatz zu ihr – ganz bei „Bewusstsein" und zog sie an der Hand in Richtung Reitplatz. Einige der Zuseher sahen ihnen neugierig nach, andere blickten etwas enttäuscht, da sie nicht selbst gewonnen hatten. Sie zwängten sich durch die Menschentraube, die sich an der Bande gebildet hatte. Viele, denen sie nicht aufgefallen waren, warteten noch darauf, ob sich der Losgewinner melden würde. Sonst würde das Glücksengerl ein neues Los aus dem Topf ziehen. Anitas Freund hob immer wieder die Hand und winkte mit dem Los in der Luft dem Veranstalter zu, um ihn auf sich aufmerksam zu machen. Das Los, das besondere Los, das den Gewinn des Ponys bedeutete. Anita taumelte fassungslos hinter ihrem Freund her, als sie endlich durch das offene Tor auf den Reitplatz gelangten. Die große Wiese lag vor ihnen, und in der Mitte erwarteten sie der Veranstalter, die Bürgermeisterin, die Züchterin und natürlich das Pony. Anitas Pony!

An einem dunkelblauen Strick mit Karabinerhaken stand Porzellan im schmalen Lederhalfter neben der Züchterin. Die Kleine ahnte nicht, wie glücklich sie Anita, ihre neue Besitzerin, machte. Artig wartete sie neben der Züchterin Silvia, welche Anita den Führstrick entgegenstreckte. Der Veranstalter kontrollierte die Korrektheit des Loses.

Er bestätigte durchs Mikrofon: „Ja, die beiden haben das richtige Los – die Zahl 3443!" Er schritt auf Anita zu. „Ich gratuliere zum Gewinn des Ponys! Wie heißt du?"

„Anita", krächzte Anita. Sie konnte es immer noch nicht glauben. Dieser Moment, den sie so lange herbeigesehnt hatte, fühlte sich so unwirklich an.

„Woher kommst du?"

„Aus Niederösterreich!"

„Hast du nicht auch beim Geschicklichkeitsreiten teilgenommen?"

Mehr als ein „Ja" brachte Anita nicht heraus.

„Was ist los mit mir?", wunderte sie sich. Sonst war sie doch so gesprächig, immer offen, locker und schlagfertig. Jetzt stand sie wie gelähmt neben ihrem neuen Pony. Die Situation, die sie sich so oft ausgemalt hatte, überforderte sie komplett.

„Kommt das Pony in Pferde-Gesellschaft?"

„Ja, ich habe selbst vier Pferde und in dem Stall, in dem sie stehen, gibt es noch andere Ponys!"

„Das klingt super – es ist uns ein Anliegen, dass das Pony in eine artgerechte Haltung kommt!"

Endlich erwachte Anita aus ihrem tranceartigen Zustand und realisierte, was soeben passierte. Sie atmete den Geruch des Minipferdes tief ein, als sie es umarmte. Es erinnerte sie an die Zeit in der Reitschule, in der sie als damals Achtjährige den Duft der Pferde genossen hatte. Ihr damaliges Lieblingspferd, ein brauner hübscher Wallach mit gelockter kurzer Mähne, hatte besonders gut gerochen.

Inzwischen waren viele Leute bereits heimgegangen, nur ein paar Zuseher standen noch vereinzelt am Zaunrand und beobachteten die Übergabe. Unter ihnen bemerkte Anita auch den Züchter Kollinger, der mit einer Mischung aus Zorn und Verbitterung zu ihnen hinüberblickte. In der Hand hielt er immer noch seine Lose.

Die Züchterin Silvia umarmte Anita.

„Ich freue mich so, dass du sie bekommst, Anita!" Sie drückte ihr den Pferdepass der Ponystute in die Hand. Ein Fotograf der lokalen Zeitung war auch zur Stelle und bat alle, in die Kamera zu lächeln. Anitas Freund filmte das Geschehen mit der Videokamera. Er genoss den Moment, da er wusste, wie endlos glücklich Anita war.

„Äh, wie machen wir das jetzt? Wie geht's weiter?", fragte Anita etwas überfordert.

„Wie du möchtest! Hast du einen Pferdeanhänger?"

„Ja, aber ich bin mit meinen zwei Stuten hier. Da ist nicht mehr genug Platz für das Pony", sagte Anita.

81

„Wir müssten zweimal fahren."

„Die Strecke ist aber zu weit, um mit Rubi und Escada in den Stall zu fahren und nochmal hierherzukommen. Dann wären wir erst weit nach Mitternacht wieder zurück!", sagte ihr Freund.

„Ja, da hast du recht", stimmte ihm Anita ratlos zu.

„Anita, das ist kein Problem! Wir können dein Pony gerne über Nacht hier im angrenzenden Stall unterbringen, in der Box, in der es die letzten drei Nächte verbracht hat. Ob es jetzt noch eine Nacht mehr oder weniger hier steht, macht keinen Unterschied!", bot ihr die Züchterin Silvia an.

Sie führten Porzellan in den Stall des Reitvereins Stassing. Eine frisch gestreute Box wartete. Sie versorgten das Pony mit Heu und Wasser und besprachen die weiteren Formalitäten. Leider bemerkten sie nicht, dass sie belauscht wurden.

# Kapitel 12

# Leer

„Der Veranstalter ist auch lustig! Wie hätten wir das Pony mitnehmen sollen? Etwa in der Sattelkammer des Pferdeanhängers?", lachte Anita. Während sie nach Hause fuhren, ließen sie den aufregenden Tag im Auto Revue passieren.

„Zweimal hin- und herzufahren wäre wirklich nicht möglich gewesen, das ist viel zu weit! Überlege dir mal, wie langsam wir mit dem Anhänger unterwegs sind. Das hätte ewig gedauert. Aber morgen ist sie dann bei dir!", sagte ihr Freund, den Blick konzentriert auf die Straße gerichtet.

Glücklich lehnte sich Anita zurück.

Im Stall angekommen, luden sie Rubineska und Escada aus. Rubielle begrüßte sie laut wiehernd.

„Vorfreude ist die schönste Freude", tröstete sie ihre Mutter am Telefon, als Anita ihr die frohe Nachricht verkündete.

An Einschlafen war wieder nicht zu denken. Anita lag lange wach im Bett, während ihr Freund schon seit Stunden tief und fest schlief. Ein merkwürdiges Gefühl beherrschte sie, sie wusste aber nicht warum und wollte ihren Freund nicht aufwecken und beunruhigen.

Irgendwann gab Anita ihren Einschlafversuch auf. Sie packte die Videokamera aus und sah sich die Files, die ihr Freund über den Tag verteilt gefilmt hatte, an. Sie swipte durch die Videos und schmunzelte über ihr erstauntes Gesicht, als sie den Führstrick des Ponys überreicht bekommen hatte. Überglücklich schlief sie schlussendlich doch noch ein. Nichtsahnend, was sie am nächsten Tag erwarten würde.


Voller Tatendrang wachte Anita schon vor ihrem Wecker auf, obwohl sie diesen extra früh gestellt hatte. Erfreulicherweise hatte sie Urlaub und musste nicht zur Arbeit fahren.

Bevor sie zu Porzellan aufbrachen, fuhren Anita und ihr Freund in den Stall, um Escada, Rubineska, Rubjen, Rubielle und Jessy zu versorgen und eine freie Box für den Neuankömmling vorzubereiten.

„Gott sei Dank ist noch eine Box frei", sagte Anita zu ihrem Freund, während sie sauberes Stroh verteilte.

„Die Wassertränke ist aber viel zu hoch für das Pony", bemerkte er.

„Montieren wir doch einen Wassereimer an die Wand, etwas niedriger!", schlug Anita vor. Sie hängten einen Kübel in einer für das Pony erreichbaren Höhe auf, gleich neben einem Salzleckstein. Danach machten sie sich auf den Weg nach Stassing.

Als sie ankamen, erinnerte wenig an den Trubel vom Vortag. Der Parkplatz war leer, die Wiese, die am Vortag noch voller Autos gewesen war, war komplett platt gedrückt. Die mobilen Panelboxen, in denen die Pferde am Vortag untergebracht worden waren, waren bereits am Abend zuvor abgebaut worden.

„Wow, die waren aber flott! Da sind anscheinend viele fleißige Hände am Werk gewesen", bemerkte ihr Freund.

Auch der Platz, auf dem vor nicht mal vierundzwanzig Stunden Anitas Traum in Erfüllung gegangen war, war nicht wiederzuerkennen. Die Umzäunung des Reitplatzes lag ordentlich übereinander gestapelt am Boden. Nur an der abgetretenen Wiese konnte man den Hufschlag erkennen.

„Irgendwie seltsam, oder?", wandte sich Anita an ihren Freund, als sie über den leeren Platz blickte.

„Das sind doch so Momente, in denen im Film nur noch ein getrocknetes Saharagewächs durchs Bild fegt", scherzte er.

Angrenzend an das ehemalige Pferdemarktgelände befanden sich die Stallungen des Reitvereins Stassing – jener Ort, an dem sie Porzellan am Vortag zurückgelassen hatten. Im Stall war heute niemand anzutreffen. Wo gestern noch reges Treiben geherrscht hatte, hörte man jetzt nur ein paar Vögel zwitschern und Pferde, die in den Boxen Heu mümmelten.

Anitas Freund legte seinen Arm um sie und spürte, wie sehr sie sich freute. Sie strahlte ihn an.

Bis sich ihr Gesicht plötzlich versteinerte.

## Kapitel 13

# Suche

Die Box, in die sie das Pony am Vorabend gebracht hatten, war leer.

„Ähm, wo ist Porzellan?!", fragte Anita überrascht.

„Vielleicht hat jemand das Pony auf eine Koppel gestellt?", überlegte ihr Freund.

„Nein. Das war doch nicht ausgemacht!" Anita war ratlos.

„Irgendwie ist hier auch niemand, den wir fragen könnten!", antwortete er.

Sie gingen die Stallgasse entlang und spähten in viele leere Boxen.

„Die Pferde stehen sicher auf der Koppel", mutmaßte er. Vereinzelt waren in den Boxen ein paar Pferde zu finden, die an Heuhalmen knabberten. Aber sonst war weit und breit niemand zu sehen. Die leeren Pferdeboxen waren bereits ausgemistet worden, und somit war auch kein Stallbursche in Sicht.

„Hallo? Ist da jemand?"

Keine Reaktion.

In der nächsten Stallgasse trafen sie eine junge Frau an, die ihr Pferd sattelte.

„Hallo! Weißt du vielleicht, wo das Pony steht, das gestern verlost wurde? Ich bin Anita, ich habe es gewonnen. Es muss irgendwo im Stall sein. Oder hat es heute schon jemand auf die Koppel gestellt?", sprudelte es aus Anita heraus. Die Koppeln des Stalls waren sehr weitläufig.

„Du meinst das kleine Schimmelpony oder? Mmh ... Nein, ich glaube, das habe ich heute noch nicht gesehen."

Anita sah ihren Freund skeptisch an.

Die Frau fuhr fort: „Ich bin täglich von der Früh an im Stall. Heute ist mir noch kein Pony aufgefallen! Aber warte mal! Ich rufe zur Sicherheit den Stallarbeiter an." Sie kramte aus der Hosentasche ihr Handy heraus.

„Hallo, Simon. Hier Tanja. Hast du das Pony von gestern Abend – du weißt schon, das von der Verlosung – heute auf die Koppel gebracht?"

Kurze Pause. Dann fuhr sie verwundert fort: „Was meinst du mit: ‚Da war heute in der Früh kein Pony da'?"

Sie sah die beiden fragend an, während sie antwortete: „Weil hier bei mir im Stall die Frau steht, die gestern das

Pony gewonnen hat, mit ihrem Freund. Die beiden wollten das Pony abholen."

Sie wartete einen Moment und wiederholte: „Ja, ich hab schon verstanden, dass das Pony heute in der Früh nicht da war. Aber aus der Box gesprungen kann es ja nicht sein, und wenn du die Boxentür fest verschlossen hast ..." Sie schüttelte den Kopf bei der Antwort, die ihr der Stallbursche am Telefon gegeben hatte, verabschiedete sich und legte auf. Sie blickte die beiden verwirrt an.

„Das Pony ist also nicht mehr da und ist auch nicht ausgebrochen. Habe ich das richtig verstanden?", fragte Anita. Leichte Hysterie machte sich in ihrer Stimme breit.

„Anscheinend", antwortete Tanja. „Der Stallarbeiter vermutet, dass jemand das Pony abgeholt hat. Von selbst konnte es ja die Box nicht verlassen. Es tut mir leid, dass ich euch da nicht weiterhelfen kann. Aber ich werde dem Stallbesitzer Bescheid geben und ihn bitten, so schnell wie möglich herzukommen. Er heißt Fritz Blumauer, und er ist der Veranstalter des Pferdefestes", erklärte sie.

Tausend Fragen gingen Anita durch den Kopf, und sie wandte sich ratlos an ihren Freund: „Wer könnte das Pony abgeholt haben? Das war doch nicht so ausgemacht!"

Insgeheim hoffte sie, dass sich nur jemand einen Spaß erlaubt hatte: „Vielleicht will mich einer meiner Freunde pranken? Versteckte Kamera? Bin ich unfreiwillig im nächsten Spaß-Video die Hauptfigur, und am Schluss gibt es dann die Auflösung, dass eh alles okay ist, und das Pony trottet um die Ecke?"

„Er kommt gleich", sagte Tanja. Nachdem sie den Stallbesitzer verständigt hatte, wandte sie sich ab und kümmerte sich wieder um ihren hübschen Rappwallach.

Ungläubig und noch immer auf einen Scherz hoffend, standen Anita und ihr Freund sprachlos vor der leeren Ponybox, in der sie am Abend zuvor Porzellan zurückgelassen hatten.

„Ich kann hier jetzt nicht tatenlos rumstehen", sagte sie. In der Hoffnung, das kleine Ponymädchen irgendwo friedlich grasend zu entdecken, eilte sie durch die Stallgasse, hinaus zu den Koppeln.

Aber vergebens.

Sie suchte das gesamte Stallgebäude ab, öffnete alle Türen, steckte überall ihren Kopf hinein und warf einen Blick in alle Boxen.

„Nichts", antwortete ihr Freund, der in der Sattelkammer nachgesehen hatte, als sie sich wiedertrafen.

„Wahrscheinlich ist das hier nur ein Riesen-Missverständnis, und der Veranstalter wird gleich Entwarnung geben. Das kann ja nicht wahr sein!", hoffte Anita. „Wer sollte schließlich das Pony abgeholt haben?", fragte sie sich selbst.

„Vielleicht haben sie uns das Pony auch gebracht! Vielleicht steht es ja schon bei Escada und Rubi! Wer weiß?", rätselte ihr Freund.

„Das wäre absurd! Aber ich frage zur Sicherheit nach", sagte sie und wählte die Nummer des Stalles, in dem ihre vier Pferde standen.

Auch dort war kein Pony. Wo konnte es nur sein? In diesem Augenblick hallten Schritte durch den Stall, und Herr Blumauer hastete herbei. Wusste er, wo sich Porzellan befand?

# Kapitel 14

# Zappzarapp

Herr Blumauer ging schnurstracks auf die beiden zu und sah beim Vorbeigehen in die Pferdeboxen, als würde er dort das Pony vermuten.

„Als wären wir nicht selbst auf die Idee gekommen, dort nachzusehen", flüsterte Anita ihrem Freund leicht genervt zu.

„Hallo! Was ist los?", fragte er, als er mit seinen blank polierten Schuhen vor ihnen stand. Es machte den Anschein, als wäre er direkt von der Arbeit gekommen.

„Was los ist?", fragte Anita, „Das würde ich auch gerne wissen!" Es bereitete ihr große Mühe, ihre Verärgerung zu unterdrücken und ihre Gefühle unter Kontrolle zu halten.

Sie standen vor der leeren Ponybox. Die Boxentür stand weit offen.

„Laut dem Stallarbeiter war das Pony in der Früh nicht mehr in der Box!", sagte Anita.

Der Veranstalter dachte laut nach: „Ja, aber wer könnte es abgeholt haben? Kann es vielleicht jemand von eurer Familie gewesen sein?"

Diese Möglichkeit hielt Anita für ziemlich unwahrscheinlich, da ihre Familie wenig mit Pferden am Hut hatte.

„Das können wir ausschließen", sagte sie mit fester Stimme. „Von unserer Seite hat bestimmt niemand das Pony geholt. Wir wüssten nicht, wer es gewesen sein könnte, und es wäre auch völlig unlogisch."

„Was ist mit der Züchterin Silvia? Vielleicht hat sich das Pony nicht wohl gefühlt. Vielleicht hat Silvia nach der Kleinen gesehen und sie dann woanders hingebracht", kombinierte ihr Freund.

Der Veranstalter tätigte einige Telefonate, spazierte dabei durch die Stallgasse und kam dann mit langsamen Schritten wieder auf sie zu.

„Ich habe gerade mit der Züchterin gesprochen. Sie konnte mir auch nicht weiterhelfen und ist sehr verwundert." Er holte tief Luft: „Nochmal fürs Protokoll: Wir haben die Ponystute am Abend in diese Box gebracht, und niemand von euch hat sie geholt, korrekt?"

Die beiden nickten zur Bestätigung.

Als ob wir sonst herkommen und so ein Tamtam machen würden, dachte sich Anita und versuchte ein Augenverdrehen zu unterdrücken.

„Okay, gut", seufzte der Veranstalter. „Dann weiß ich leider auch nicht weiter!"

„Was soll das heißen? Das Pony ist aber nicht da, und schließlich ist das Ihr Stall!", schnauzte ihn Anitas Freund an.

„Na ja, was soll ich sagen? Wir haben es nicht, ihr habt es nicht. Ich befürchte …", Herr Blumauer holte tief Luft und sprach langsam weiter, „dass jemand das Pony gestohlen hat …"

Wortlos starrte Anita ins Leere. Sie wollte es nicht wahrhaben. Gestern war sie noch überglücklich gewesen, vereint mit ihrem geliebten Pony, und jetzt war alles vorbei.

„Gestohlen?"

Mehr brachte Anita nicht heraus.

„Das kann nicht sein. Wer würde denn ein Pony stehlen?", fragte ihr Freund.

„Wenn es jemandem um den Wert des Ponys gegangen wäre, dann hätte er hier im Stall weitaus teurere und wertvollere Pferde finden können", gab Herr Blumauer zu bedenken.

Sie blickten die Stallgasse entlang. Auf den Boxenschildern standen bekannte Namen berühmter Zuchthengste. Ungestört fraßen im Stall ein Rappe und zwei braune Warmblüter ihr Heu und blickten aus den Boxenfenstern. Das Pony war wie vom Erdboden verschluckt.

Anita dachte sofort über die vergangenen Tage nach und überlegte, wer das Pony genommen haben könnte. Als erstes fiel ihr da nur der seltsame Züchter ein oder ... Ein Schreck fuhr Anita in die Glieder. Etwa der Schlachter? Sie versuchte sich zusammenzureißen, sie musste jetzt einen klaren Kopf bewahren.

„Können Sie mir die Telefonnummer der Züchterin geben?"

Der Veranstalter suchte ihr die Nummer raus und speicherte sich ihre ein.

Auf der Fahrt nach Hause schwiegen sich Anita und ihr Freund an. Beide waren zu schockiert.

Die Stille wurde durch den Anruf der Ponyzüchterin Silvia Harreiter unterbrochen.

„Anita, ich habe gehört, was passiert ist! Ich bin wirklich entsetzt, das ist ja schrecklich! Können wir uns treffen?"

„Klar! Möchtest du uns kommen?", fragte Anita und begann automatisch, die Züchterin zu duzen. Sie war ihr schließlich schon so vertraut.

„Gerne! Schick mir bitte per Whatsapp deinen Standort."

Eine Stunde später traf Silvia Harreiter ein. Mitfühlend reichte sie Anita die Hand: „Wie geht es dir?"

„Na ja, gut ist etwas anderes. Was sollen wir tun?" Anita war ratlos.

„Am besten die Polizei verständigen!", antwortete Silvia.

„Ich habe einmal im Fernsehen gesehen, wie die Polizei eine großangelegte Suchaktion nach einer verschwundenen Person gestartet hat. Mit unzähligen Leuten und einer Hundesuchstaffel." Sie erinnerte sich an die Bilder, auf denen Feuerwehr- und Polizeiautos mit Blaulicht an einem Waldrand zu sehen gewesen waren und ein Hubschrauber das Gebiet nach einer abgängigen Person abgesucht hatte.

„Anita, da ging es um einen Menschen. Nicht um ein kleines Pony", sagte ihr Freund. „Die Polizei wird dich auslachen, wenn du eine Hundesuchstaffel und eine riesige Suchaktion forderst."

Enttäuscht sah Anita ihn an.

„Das ist alles ein Albtraum", seufzte sie, während sie den Kopf in ihre Hände legte.

„Aber wir können den Jäger aus der Umgebung fragen, die Bauern aus Stassing, den Tierarzt, den Hufschmied und die Leute in den angrenzenden Ställen, ob ihnen etwas aufgefallen ist", versuchte er sie aufzumuntern.

„Wegen der Hundesuchstaffel", Silvia strich nachdenklich über ihr Kinn, „da kenne ich jemanden."

Anita sah auf.

„Der Bruder meines Großvaters war vor seiner Pension Hundeführer. Vielleicht können wir Porzellan mit seiner Hilfe wiederfinden! Ich rufe ihn mal an!"

Silvia suchte die Nummer in ihrem Mobiltelefon. Anita und ihr Freund warteten gespannt, bis sie das Gespräch beendet hatte. Endlich ein Hoffnungsschimmer, an den sie sich klammern konnten.

„Er ist bereit, uns zu helfen", sagte Silvia, nachdem sie aufgelegt hatte.

Hoffnungsvoll machten sich die drei erneut auf den Weg zum Stall in Stassing, wo sie sich mit dem pensionierten Hundeführer trafen.

„Danke, dass du so schnell gekommen bist, Erich!", begrüßte ihn die Züchterin. Er erinnerte Anita an ihren eigenen verstorbenen Opa. Er trug eine lockere Jeans, dazu ein dunkelblaues Poloshirt, und hatte seine grauen Haare aus dem Gesicht zurückgekämmt. In der Hand hielt er eine Hundeleine. Neben ihm saß sein Hund.

„Ich dachte, Suchhunde wären immer Schäferhunde", bemerkte Anitas Freund.

„Mein Sammy ist ein Labrador und hat in seiner besten Zeit mehr aufgespürt als seine Schäferhunde-Kollegen", sagte Erich stolz.

„Danke, dass Sie sich die Zeit nehmen", begrüßte ihn Anita.

„Wo sollen wir loslegen, Erich?", fragte ihn Silvia.

„Am besten in der Box, in der das Pony zuletzt gewesen ist. Wir brauchen seinen Geruch, damit Sammy es aufspüren kann!"

Interessiert folgten Anita und ihr Freund den beiden zum Ort, wo sie das Pony zum letzten Mal gesehen hatten. In der Box fing der schwarze Labrador sofort an, den Boden, die Wände, die Futterschüssel und auch die kleinen Pferdeäpfel, die das Pony hinterlassen hatte, zu beschnuppern. Sammy wusste, was zu tun war.

„Er hat es nicht verlernt", sagte der pensionierte Hundeführer stolz, „er weiß genau, was zu tun ist."

Mit der Nase am Boden lief Sammy aus der Box in die
Stallgasse, wo er die Fährte aufnahm und dabei immer wieder kurz nach rechts und links an den Boxentüren schnup-
perte, um sich zu vergewissern, dass er auf der richtigen
Spur war. Der Hund führte sie hinter das Stallgebäude. Die
feinen Kieselsteine knirschten unter ihren hastigen Schritten und sie hatten Mühe, dem Labrador zu folgen. Plötzlich
blieb er abrupt stehen und bellte.

„Da ist ein Haufen mit Pferdeäpfeln!", sagte Erich.

„Die sind so klein, die können nur von Porzellan
sein!", rief Anita freudig. Sie hatte nicht damit gerechnet,
dass dieser Hund, dessen weiß durchzogenes Fell sein hohes
Alter verriet, so schnell eine Spur finden würde.

„Hier, hinter dem Stall waren wir gestern nicht", bemerkte ihr Freund. Jemand musste das Pony auf den Schotter-
platz geführt haben, auf dem einige Pferdeanhänger geparkt
hatten. Zwischen den Kieselsteinen setzte sich an manchen
Stellen das Gras durch. Anita suchte den Platz akribisch ab.
Vielleicht hatten sie etwas übersehen.

Was blitzte da zwischen dem Gras hervor?

# Kapitel 15

# Neue Spur

Anita entdeckte in der Nähe des Pferdehaufens eine orange-farbene Karte. Sie bückte sich, hob das zusammengefaltete Papier auf und betrachtete die Karte, die etwas kleiner als eine Postkarte war, genauer. „Don Angelo", murmelte sie leise, „das gehört anscheinend zu einer Pizzeria."

„Vielleicht eine Art Mitgliedskarte", bemerkte ihr Freund, als er ihr über die Schulter blickte.

„Aber was soll die mit Porzellan zu tun haben?", fragte ihn Anita, die absolut gar nichts mit Detektivkram am Hut hatte.

„Geht jeder Spur nach, auch wenn sie noch so aussichts-los erscheint", sagte Erich, der die Karte inspizierte.

Sie teilten sich auf. Erich versprach, sich zu melden, falls sein schwarzer Labrador weitere Entdeckungen machen würde. Silvia beschloss, zur Polizei zu fahren und die Ställe in der Umgebung abzuklappern. Anita und ihr Freund googelten inzwischen die Pizzeria.

„Das wird eine Treuepunkte-Karte sein", vermutete ihr Freund, während ihnen das Navi den Weg zur Pizzeria Don Angelo wies.

„Ich denke, jedes Mal, wenn du dort isst, bekommst du einen Stempel, und wenn du genügend Stempel gesammelt hast, bekommst du irgendetwas gratis."

„Na, die Person, der diese Karte gehört, war da aber schon richtig oft", bemerkte Anita, als sie die vielen Stempel auf der Innenseite der Karte zählte. Leider stand kein Name dabei.

„Ob die in der Pizzeria wissen, wem die Karte gehört, wenn da nicht einmal ein Name draufsteht?", fragte sie.

„Wir müssen es probieren, es ist unser einziger Anhaltspunkt", antwortete ihr Freund.

„In zweihundert Metern haben Sie Ihr Ziel erreicht", tönte es aus dem Autonavi. Ob sie in der Pizzeria einen Hinweis bekommen würden, wo das Pony war?


Kurz bevor sie ausstiegen, rief Silvia an. „Die Polizei meint, dass alles auf eine Entführung oder einen organisierten Tier-Diebstahl hindeutet."

„Haben die Leute in den Nachbarställen auch nichts mitbekommen?", erkundigte sich Anita.

„Nein, ich habe mich überall erkundigt. Niemand hat etwas gesehen oder gehört, auch nicht die Jäger oder die angrenzenden Bauern. Nichts. Aber alle haben mir versprochen, die Augen offen zu halten und sich sofort zu melden, wenn ihnen etwas auffällt", antwortete Silvia.

„Danke für deine Hilfe", sagte Anita, bevor sie auflegte und die Pizzeria betrat.

# Kapitel 16

# Pizzeria

„Wir geben keine Auskunft über unsere Gäste", sagte die Kellnerin hinter dem Tresen. Es roch nach Pizza, und Anitas Magen knurrte. Ein Mitarbeiter mit weißer Schürze schnitt im Hintergrund eine Pizza in einzelne Stücke und packte sie in einen Karton.

„Ich verstehe, dass Sie nichts sagen dürfen, aber es handelt sich wirklich um etwas extrem Wichtiges." Anita wollte unbedingt Informationen über den Besitzer der Karte bekommen und ließ nicht locker.

„Worum geht's?", fragte der kleine, etwas dickere Mann, der neben der Kellnerin mit einem Pinsel Knoblauchöl auf eine knusprige Pizza strich. Er griff nach der orangefarbenen Karte. Anita erklärte ihm die Lage.

„Stefania hat recht. Wir geben keine Informationen über unsere Kunden weiter. Also normalerweise ..." Er hielt inne, als er die gefundene Karte genauer betrachtete. „Mir gehört die Pizzeria hier, und ich kenne meine Stammkunden."

Anita sah ihn hoffnungsvoll an.

„Er", der Besitzer der Pizzeria hielt die Karte in die Luft, „schuldet uns noch was! Er isst fast täglich bei uns zu Mittag. In letzter Zeit hat er alle Pizzen aufschreiben lassen. Keine davon hat er bezahlt. Er ist der Einzige, bei dem ich mir vorstellen könnte, dass er etwas mit Pferden zu tun hat."

Seine Mitarbeiterin Stefania rümpfte die Nase. „Oh ja, der stinkt immer furchtbar nach Stall!"

„Er war aber jetzt seit fünf Tagen nicht mehr da", sagte ihr Chef und pinselte das Knoblauchöl weiter auf den Rand einer Pizza.

Ein Funken Hoffnung blitzte in Anitas Augen auf, als sie fragte: „Wissen Sie auch, wie er heißt?"

Die Kellnerin mischte sich ein: „Paul, er heißt Paul."

„Wenn du ihn siehst, sag ihm, dass er uns noch das Geld für die letzten Pizzen schuldet!", fügte ihr Chef noch hinzu.

„Wie sieht er aus?", fragte Anita.

„Er hat dunkelblonde Haare, ist größer als ich und trägt immer Reithosen."

„Reithosen?", wiederholte Anita.

„Ja, er arbeitet am Ponyhof hier im Ort."

„Tausend Dank!" Anita verabschiedete sich schnell, und ihr Freund und sie verließen die kleine Pizzeria. Vielleicht waren sie jetzt dem Pony einen Schritt näher gekommen.

# Kapitel 17

# Stalking Skills

„Du hast ja richtige Stalking Skills", bemerkte ihr Freund, als Anita nach dem mysteriösen Paul im Internet suchte.

„Das nennt man Recherche", antwortete sie, ohne aufzuschauen.

Anita und ihr Freund saßen im Auto, und Anita gab verschiedene Suchbegriffe auf Google ein, um irgendwie mehr über Paul herauszufinden.

„Vielleicht hat der Ponyhof eine Homepage, auf der man das Team sehen kann", schlug ihr Freund vor.

„Nö, leider. Schon geschaut. Aber ..." Anita stockte, so vertieft war sie in ihre Suche nach Paul. Aber bald darauf schüttelte sie ratlos den Kopf. „Ich habe Instagram, Facebook, Snapchat, Twitter und sogar TikTok durch. Ich habe einfach zu wenige Informationen. Nur seinen Vornamen, den Ort hier und den Stall ... Wird schwierig", sagte sie frustriert.

„Lass mich mal versuchen."

Anita legte ihr Handy in seine ausgestreckte Hand. Nach ein paar Minuten verkündete er stolz: „Paul Gmoser!" Er grinste Anita schief an.

„Wer von uns beiden hat jetzt die Stalking Skills?", fragte Anita. Es war das erste Mal an diesem Tag, dass sie kurz lächelte.

„Wie hast du ihn ...?"

„... gefunden?", vervollständigte er ihren Satz. „Ganz einfach! Ich habe nach seinem Vornamen und dem Ort gesucht, und dann hat mir Google einen Haufen Seiten ausgespuckt. Darunter einen Sportverein. Dann habe ich auf der Seite des Vereins gesucht und zack, schon hatte ich eine Seite mit allen Mitgliedern. Er müsste unser Mann sein."

„Und durch diese Seite bist du auf seinen vollständigen Namen gestoßen?"

Er nickte.

„Wir werden ja richtige Detektive!", staunte Anita.

„Jetzt schauen wir mal, ob wir ihn auch im echten Leben finden", antwortete er.

Es dauerte nicht lange, da hatten sie seine Wohnadresse herausgefunden, und ein paar Minuten später standen sie vor einem hellblauen Haus. Die Straße erinnerte Anita an die Wohnstraße aus Harry Potter. Die Häuser reihten sich dicht aneinander. „Dieser Paul hat mein Pony oder weiß zumindest, wo mein Pony ist." Mit diesen Gedanken presste Anita ihren Finger auf die Türglocke neben dem Namensschild „Gmoser". Aus dem Haus hörte man das Klingeln. Wenig später öffnete sich die Eingangstür.

„Guten Tag", eine ältere Dame öffnete und begrüßte die beiden freundlich. „Sie sind?", fragte sie.

Anita stellte sich vor und erzählte hastig vom Verschwinden des Ponys, der gefundenen Pizzeriakarte und Paul.

„Paul ist mein Sohn", antwortete die Frau. Sie drehte sich um und sagte: „Er ist zurzeit nicht da. Aber er würde keiner Fliege etwas zu Leide tun!", versicherte sie.

Mit der Situation hatte Anita nicht gerechnet, und sie überlegte fieberhaft, ob sie der Frau trauen konnte.

„Paul liebt Tiere über alles! Schon seit seiner Kindheit!", beteuerte sie.

Anita war verwirrt. „Paul war aber bestimmt bei meinem Pony! Seine Karte lag in unmittelbarer Nähe seiner Box! Irgendetwas stimmt hier nicht."

Pauls Mutter versuchte sie zu beruhigen: „Ich kann es Ihnen leider auch nicht sagen. Ich weiß es nicht. Aber ich weiß ganz genau, dass Paul immer gut zu Tieren ist! Besonders Pferde und Ponys liegen ihm am Herzen. Er arbeitet zwar in einem fürchterlichen Stall, aber er liebt die Nähe zu den Tieren! Er hat ein paar Probleme und ist immer pleite, aber bitte glauben Sie mir, Paul hat bestimmt kein Pony gestohlen oder entführt!"

Anita sah ihren Freund unsicher an. Steckte die Mutter mit Paul unter einer Decke? Schützte sie ihren Sohn oder sagte sie die Wahrheit?

„Wo finden wir Paul?", klinkte sich Anitas Freund in das Gespräch ein.

„Er ist bei der Arbeit", sagte sie.

„Im Stall hier im Ort?", fragte er.

Pauls Mutter nickte.

„Dort ist er fast immer, er braucht das Geld."

Die beiden verabschiedeten sich von ihr und fuhren in Richtung Ponygestüt. Würden sie Paul dort antreffen? Anita versuchte die Traurigkeit, die in ihr aufstieg, zu unterdrücken und wischte sich eine Träne aus dem Gesicht. Sie musste an Porzellan denken und fragte sich, was sie gerade tat. Sie hoffte inständig, dass es dem kleinen Pony gut ging, wo immer es war.

Beide waren in Gedanken bei Porzellan, als sie am Ponygestüt ankamen.

# Kapitel 18

# Ponyhof

Sie parkten das Auto und machten sich auf die Suche nach Paul. Aber auf dem Gelände war weit und breit niemand zu sehen.

„Ist da jemand?", rief Anita in eine Stallgasse hinein. Die Ponys, die in den Boxen standen, hoben ihre Köpfe. Ihre Aufmerksamkeit hielt nicht lange an, und sie mümmelten weiter an ihrem Heu.

„Alle Pferde sind hier im Stall! Draußen ein Traumwetter, und die Tiere müssen in Einzelhaft stehen, anstatt auf den Wiesen und Weiden zu galoppieren", jammerte Anita. Aber es blieb keine Zeit, andere Pferde zu bemitleiden.

„Hallo", tönte es aus einer Box. Auf dem Weg durch die Stallgasse hatten Anita und ihr Freund eine zierliche Frau übersehen, die gerade ausmistete.

„Oh, hallo!", antwortete Anita überrascht. „Entschuldige, aber weißt du, wo ich Paul finde?"

„Klar! Er ist am hinteren Viereck!"

„Danke!" Anita und ihr Freund eilten durch die Stallgasse.

„War Paul der Bereiter? Bildet er hier die Pferde aus?",
fragte sie sich.

Der Reitplatz war leer. Kein Pferd zu sehen. Nur ein
Hoftruck tuckerte über den Sandplatz.

„Das wird er sein", rief ihr Freund und deutete auf die
Maschine, die den Reitplatzboden ebnete. Sie winkten ihm
zu. Der Hoftruck wurde langsamer, bis er neben den beiden
stehen blieb.

„Bist du Paul?"

„Äh, ja?", antwortete er vorsichtig.

„Ich habe etwas, das dir gehört!", sagte Anita und zog die
Stempelkarte der Pizzeria aus der Tasche.

„Oh", Paul griff reflexartig in seine rechte Hosentasche.
„Äh, ja, das ist meine, denke ich. Aber wo, also wie ...?"

Anita schilderte ihm die Situation, und an Pauls Augen
erkannte man seine Bestürztheit.

„Hast du Porzellan gesehen?", fragte ihn Anitas Freund.

„Mmmh, ja", stammelte Paul, „ich wurde gestern Abend
zu einem Auftrag gerufen. Ich mache ja nebenbei noch
Pferdetransporte und Anhängerfahrten. Ich kann mir sonst
mein Leben nicht leisten. Herr Kollinger zahlt nicht gut."

„Herr Kollinger!", Anitas Alarmglocken schrillten, als sie
diesen Namen hörte.

Das also war der Betrieb von Uwe Kollinger, in dem es den Pferden so schlecht ging, der Stall, vor dem sie Silvia Harreiter gestern gewarnt hatte.

Paul hielt kurz inne, bevor er fortfuhr. „Also ich wurde gestern Nacht spontan nach Stassing bestellt."

„Sag nicht, dass du mein Pony weggebracht hast!" Anita sah ihn verzweifelt an.

„Ich wusste doch nicht, dass es dir gehört!", versuchte sich Paul zu rechtfertigen.

„Was war dann? Du warst in Stassing, und dann?" Anitas Freund drängte ihn weiterzusprechen.

„Gestern war ja Sonntag, und am Wochenende gibt's einen Feiertagszuschlag, deshalb habe ich zugesagt."

„Sag schon – hast du Porzellan weggebracht?" Anitas Stimme wurde lauter. Pauls zurückhaltendes Verhalten machte sie wahnsinnig.

„Porzellan?", begann er. „Ja, ich habe das Pony in meinen Anhänger verladen und bin mit ihm vom Hof gefahren. Aber ich habe mir nichts dabei gedacht! Woher sollte ich wissen, dass es dir gehört!"

Anitas Freund versuchte in dieser angespannten Situation einen kühlen Kopf zu bewahren. „Wohin hast du es gebracht?", fragte er.

„Das weiß ich nicht genau", antwortete Paul leise.

„Was heißt, das weißt du nicht?!" Anita hatte sich kaum noch unter Kontrolle. „Wo ist das Pony?"

„Paul, bitte sag uns, wo du mit ihm hingefahren bist",
wiederholte Anitas Freund ruhig.

„Das kann ich euch nicht so genau sagen, es war schon
dunkel und ... und ...", stammelte er verunsichert, „das
Pony ... das Pony ..." Anita starrte auf Pauls Lippen, um ja
kein Wort zu verpassen.

„Das Pony ... es wurde dann umgeladen." Er seufzte.

Das war für Anita zu viel.

„Was heißt ‚umgeladen'?! Zu wem, Paul? Ich halte es
nicht mehr aus! Bitte sprich Klartext!"

„Wir haben uns an einer Kreuzung am Waldrand
getroffen. Das Pony wurde dort aus dem Transporter
geholt und in das andere Auto – äh, in den anderen
Transporter – umgeladen. Ich weiß ja auch nicht mehr!
Es war ziemlich dunkel", beteuerte Paul. „Es war schnell
verdientes Geld. Eigentlich hätte ich stutzig werden
sollen. Aber ich habe mir wirklich nichts dabei gedacht.
Manchmal gibt es Notfälle, und dafür bin ich da. Hätte ich
gewusst, dass jemand das Pony entführen will, hätte ich den
Transportauftrag erst gar nicht angenommen." Paul sah
Anita fest in die Augen. Er versuchte ihr mit seinem Blick
zu zeigen, dass er es aufrichtig und ehrlich mit ihr meinte.

Anita seufzte.

Ihr Freund hakte nach: „Von wem wurdest du engagiert?
Hast du dazu Informationen? Wie hast du den Auftrag für
diesen Transport erhalten? Hat dich jemand angerufen?"

„Nein, ich bin nicht angerufen worden. Er war persönlich da und hat mich beauftragt."

„Wer *er*?", schrie Anita beinahe.

„Ein alter Schulkollege von mir", sagte Paul zögerlich.

„Der wie heißt …?" Anitas Geduld war am absoluten Limit.

„Mattheo … Mattheo Compreso …", sagte Paul leise.

„Und wo finden wir ihn?"

„Das weiß ich leider nicht … Er war früher schon immer so ein Rumtreiber und hat dann auf dem Campingplatz gewohnt. Keine Ahnung, ob er dort noch immer ist, aber zutrauen würd ich es ihm!"

„Wollen wir es beim Campingplatz probieren?" Erwartungsvoll sah Anitas Freund sie an.

„Auf jeden Fall!"

Sie tauschten mit Paul Handynummern aus und eilten zum Auto, während Anita die Adresse des nächstgelegenen Campingplatzes in ihr Handynavi eintippte. Das Navi schickte sie in den Nachtigallenweg 7.


Die Entdeckung, die Anita und ihr Freund bei Mattheo Compreso machen sollten, brachte sie auf eine völlig neue Spur …

# Kapitel 19

# AF 1.984

„Wo ist hier bitte die Hausnummer sieben?", fluchte Anita genervt, nachdem sie den „Nachtigallenweg" mehrfach abgefahren waren.

„Kann es sein, dass der Campingplatz dort drüben ist?", rätselte ihr Freund und deutete auf eine überwucherte Einfahrt. Sie stiegen aus und gingen näher heran. Am Eingang entdeckten sie ein Schild. Darauf stand in verwitterten Buchstaben „Zum Campingplatz". Es war fast zugewachsen und hatte sichtlich schon bessere Zeiten erlebt.

„Wie sollen wir diesen Mattheo hier jemals zwischen den ganzen Wohnwagen finden?", fragte Anita.

„Wohnwagen, Zelte und Pavillons", korrigierte sie ihr Freund, der eine Informationstafel des Campingplatzes vorlas.

„Da drüben steht ‚Büro'. Vielleicht können die uns weiterhelfen."

Eine ältere Frau, gekleidet im weißen Polo mit aufgesticktem Logo, sah die beiden durch ihre Brille an. „Wie war der Name nochmal?"

„Mattheo Compreso."

Ihre künstlichen Fingernägel klackerten auf der Computertastatur. Sie tippte den Namen ein und scrollte so lange, bis sie schließlich sagte: „Stellplatz AF 1.984."

Anitas Freund bedankte sich und verließ das Zimmer, während Anita noch grübelte, was sie mit dieser Information der Büroangestellten anfangen konnten.

„Warte auf mich!", rief sie ihm nach und stürzte hinter ihm her.

„Was ist dieses AF1.984? Wie sollen wir das finden?", fragte sie.

„Ganz einfach", antwortete er und schritt zielstrebig voran, „gleich beim Eingang hängt ein Lageplan, so eine Art ‚Landkarte' für das Campingplatzareal. Die Abkürzung AF steht für den passenden Gang, wie eine Art Straße. Die Zahl 1.984 ist der Stellplatz, ähnlich wie eine Hausnummer!"

„Gut, dass ich dich habe", sagte Anita beeindruckt.

Wieder einmal ergänzten sie sich hervorragend. Das liebte sie an ihm, sie halfen einander, wo sie nur konnten. Gerade jetzt, in dieser besonderen Zeit, wurde Anita das wieder einmal bewusst.

Sie erreichten den Gang AF. Eine Allee lag vor ihnen. Rechts und links wuchsen hohe, ordentlich geschnittene Büsche, die die einzelnen Parzellen voneinander abgrenzten. Auf den kleinen Schildern, die vor jeder Parzelle in die Erde geklopft waren, standen die Platznummern.

Wen würden sie hier am Campingplatz antreffen?

„Hier kann doch niemals ein Pony sein!", raunte Anita ihrem Freund zu. „Porzellan wäre zwar klein genug zum Reinschmuggeln, aber sie wäre doch bestimmt jemandem aufgefallen, oder?"

Hastig schritten sie von einer Tafel zur nächsten. AF 1.981, AF 1.982, AF 1.983. Sie erreichten den Stellplatz AF 1.984.

Auf der kleinen Wiese, die von Hecken eingegrenzt war, stand ein alter vergilbter Wohnwagen. Die Tür stand weit offen, und heraus wehten plüschige, braun-orangefarbene Bänder, die als Fliegenschutz dienen sollten. Vor der Tür des Campingwagens lag eine grüne abgetretene Matte, und neben dem Wagen war eine Slackline gespannt. Der zehn Meter lange Gurt zum Balancieren hing etwa eineinhalb Meter über dem Boden. In der Wiese lagen vier Keulen.

„Die sind bestimmt zum Jonglieren", dachte sich Anita. Die Farbe war abgeblättert, und man konnte nur noch wenige Flecken der blau-silbernen Lackierung erkennen. Aus einer kleinen Feuerschale rauchte es. Weit und breit war kein Pony zu sehen.

Erst jetzt bemerkten Anita und ihr Freund einen Mann. Er saß entspannt in einem schäbigen Campingstuhl und chillte. Der Unbekannte hatte längere dunkle Haare. Um den Hals trug er eine Kette aus dicken Holzperlen. Sein ausgewaschenes Shirt hatte einen Batikprint, und die lockere hellbraune Hose, in die er viermal hineingepasst hätte, wurde durch einen Gummizug oben zusammengehalten.

„Mattheo?"

Der Mann im Campingstuhl schaute auf.

„Ja?"

# Kapitel 20

# Mattheo

Anita nahm ihren ganzen Mut zusammen und platzte heraus: „Ich mach es kurz: Wo ist das Pony, das ihr gestern transportiert habt?" Sie sah ihm dabei fest in die Augen und versuchte, den Blick nicht abzuwenden. Seine buschigen, dunklen Augenbrauen zogen sich zusammen. „Er sieht aus wie ein Straßenkünstler", dachte sie sich.

„Was meinst du genau?" Mattheo erhob sich langsam aus seinem Stuhl.

„Du bist doch Mattheo Compreso, oder?", fragte Anita nach, inzwischen unsicher, ob es so klug gewesen war, gleich mit der Tür ins Haus zu fallen.

Er verschränkte seine Arme und musterte die beiden genau.

„Ja, und du bist?", fragte er.

„Mir gehört das kleine Pony, das du gestern gestohlen hast!" Anitas Stimme kippte, und die Tränen schossen ihr in die Augen. Schließlich stand vor ihr der Mann, der in der Nacht vermutlich Porzellan entführt hatte.

Ihr Freund versuchte ruhig und sachlich zu bleiben. „Schau, Mattheo, wir beide wissen, dass du das Pony geholt hast. Sag uns einfach, wo es ist. Mehr wollen wir nicht. Dann hat sich die ganze Sache für uns erledigt. Das alles hat uns schon genug Kummer bereitet."

Mattheo schwieg.

„Wir wollen einfach nur Porzellan zurück!" Anita ballte vor Wut ihre Fäuste. Ihr Freund griff nach ihrer Hand und sagte: „Wir können auch andere Saiten aufziehen. Aber eigentlich geht es uns nur um das Pony. Du hast jetzt die Chance, deine Tat halbwegs wiedergutzumachen, Mattheo. Ich appelliere an dein Gewissen."

Mattheo blieb weiter wortlos vor ihnen stehen und machte keine Anstalten, sich zu den Vorwürfen zu äußern.

„Wo ist mein Pony? Hast du es etwa verkauft? Wie viel hast du für Porzellan bekommen?", fragte Anita aufgebracht.

Mattheo blieb stumm.

Anitas Freund sagte mit leiser, drohender Stimme: „Ich frage dich jetzt zum letzten Mal, Mattheo: Wo ist das Pony? Wohin hast du es gebracht? Antworte! Sonst rufen wir die Polizei!"

Mattheo zuckte zusammen. „Polizei?", fragte er stirnrunzelnd. Das Stichwort machte ihn munter. Plötzlich schien er zu begreifen, dass sie es ernst meinten.

Als hätte man einen Schalter betätigt, legte Mattheo plötzlich los. „Dieser Idiot!", rief er wutentbrannt, während er in Richtung Wohnwagen ging. „Immer bringt er mich in Schwierigkeiten!"

„Mattheo!", rief ihm Anita nach.

Er reagierte nicht. Stattdessen stapfte er zornig über seine Parzelle.

„Fremde Leute nerven mich zuhause!", wiederholte er, „Kein Geld! Immer nur viel Arbeit! So eine Kack-Nacht-und-Nebel-Aktion!", sprach er zu sich selbst. „Jetzt drohen die mir auch noch mit der Polizei", fuhr er fort.

„Sag uns einfach, wo das Pony ist!", beharrte Anita.

„Lasst mich in Ruhe!", schrie er.

Hilflos sah Anita ihren Freund an.

„Ich will mit der Sache nichts zu tun haben! Er schuldet mir schon genug Geld!", fuhr Mattheo die beiden an.

„Wer?", stieß Anita hervor. „Wer schuldet dir Geld?"

Mattheo strich sich gestresst durch die Haare. Er starrte auf den Boden, während er über seinen Standplatz ging.

„Über wen sprichst du? Wo ist das Pony?"

„Was geht euch das an?", fauchte Mattheo Anita an.

„Äh, das ist mein Pony! Wie oft soll ich das noch sagen?"

Sie zitterte vor Wut.

Ihr Freund legte beruhigend seinen Arm um sie und versuchte die explosive Stimmung ein wenig zu entschärfen. Er hakte nach: „Von welcher Summe sprechen wir? Wer schuldet dir Geld?"

Mattheo zögerte, bis er leise murmelte: „Es geht um einen Betrag im fünfstelligen Bereich."

„Mattheo, wer? Sag schon! Der Züchter? Der Schlachter?", bohrte Anita nach, obwohl sie etwas Angst vor der Antwort hatte.

„Fünfstellig! Der Kerl schuldet mir so viel Geld!", erwiderte er aufgebracht, ohne auf ihre Frage zu achten.

„Bitte sag uns, wer das Pony hat! Sonst ... sonst rufen wir wirklich die Polizei!", drohte Anitas Freund.

Mattheo lachte auf. „Die Polizei!", sagte er betonte lässig. „Vor denen habe ich keine Angst! Was soll mir schon passieren? Eine Geldstrafe? Uuuuh! Das Einzige, was ich habe, seht ihr hier! Den Wohnwagen, und das war's! Den wollen sie mir wegnehmen? Na dann viel Spaß dabei! Den Wohnwagen können sie höchstens verschrotten!"

Anitas Freund versuchte ihn zu beruhigen: „Schau mal, es muss nicht so weit kommen. Hilf uns, das Pony wiederzubekommen, und wir verpfeifen dich nicht bei der Polizei!"

„Bis die Bullen da sind, bin ich mit meinem Wohnwagen hier schon längst weg!", sagte Mattheo überlegen.

„Na bravo, dann tuckerst du mit 80 km/h unauffällig auf der Straße herum? Glaubst du nicht, dass dich die Polizei schnell einholen kann?" Anita war stolz auf sich, ihm

Paroli geboten zu haben, und hakte etwas versöhnlicher nach. „Bitte hilf uns, dass wir das Pony wiederbekommen. Hast du gar kein schlechtes Gewissen wegen dem, was du getan hast?", appellierte sie an ihn.

Mattheo zögerte.

„Dein Pony, dein Pony! Was ist mit meinem Geld? Das sehe ich auch nie wieder, und da hilft mir auch keiner. Ich habe mir geschworen, es würde der letzte Deal sein, den ich für ihn mache. Versprochen hat er mir, dass er mir all seine Schulden zurückzahlt. Mein Geld. Mein hart verdientes Geld, das er mir nicht gibt! Aber ich hatte schon vermutet, dass er wieder keine Kohle hat. Ich hab ihm das Pony organisiert, und er fängt wieder mit der alten Masche an. Immer diese Jammerei von den hohen Kosten und seine leere Versprechungen, dass es nach der nächsten Show Cash gibt. Dann würde er durchstarten, gemeinsam mit diesem Pony. Jedes Mal die gleiche Leier: Du wirst das Geld schon sehen – blabla."


„Von wem sprichst du überhaupt? Welche „Show"? Wer hat hier die Fäden in der Hand? Wer schuldet dir Geld?", bohrte Anita nach.

Ohne auf ihre Fragen einzugehen, fuhr Mattheo fort. Als würde er sich selbst seine Lebensgeschichte erzählen, sagte er: „Schon klar, ich hab ihm einiges zu verdanken. Allein, dass er mich nach dem Unfall meiner Eltern aufgenommen hat, war eine gute Tat. Bei einem Unfall in der Manege sind sie gestorben, beide zusammen! Seitdem habe ich bei ihm gelebt. Aber die letzten Jahre liefen nicht so gut. Ich habe versucht, ihm zu helfen. Aber schließlich muss ich ja auch von irgendetwas leben. Ich habe keine hohen Ansprüche, aber mir täglich das Brot mit seinen Pferden zu teilen, ging zu weit. Und jetzt? Ich habe ihm noch eine letzte Chance gegeben und bin auf den Deal eingegangen. Er hat mir versprochen, seine Schulden abzuzahlen, wenn ich ihm dieses Pony beschaffe. Aber nichts. Null. Zero. Nada!"

„Wer denn? Wer ist das?", fragte Anita. „Warum kauft er sich nicht einfach ein Pony, sondern entführt meines?"

„Er hat keine Kohle", antwortete Mattheo.

„Aber das ist eine Straftat! Das ist illegal!", rief Anita empört.

„Warum geht er so ein Risiko ein, nur für ein Pony?", wollte ihr Freund wissen.

„Er sagt, er hat einen Plan. Aber das ist seine Sache. Ich will nur mein Geld sehen", meinte Mattheo.

Anita gab nicht auf: „Sag uns endlich, von wem du die ganze Zeit sprichst, und wir helfen dir, an dein Geld zu kommen."

Ihr Freund sah sie entsetzt an.

Anita kämpfte mit sich. Einerseits empfand sie eine große Abneigung für Mattheo, da er ihr Pony geraubt hatte, andererseits hatte sie Mitleid mit dem Kerl, auch wenn sie ihn nicht kannte. Er dürfte ein schweres Leben gehabt haben.

„Mattheo", wiederholte sie mit fester Stimme, „wir werden dir helfen, an dein Geld zu kommen!"

Aus dem Augenwinkel bekam sie mit, wie ihr Freund bei ihren Worten erneut zusammenzuckte. Aber dann nickte er und stimmte ihr zu: „Ja, aber dafür verrate uns, wer dein Auftraggeber ist."

Die beiden wussten zwar nicht, wie sie dies bewerkstelligen sollten! Aber sie hatten keine andere Wahl.

Mattheo reagierte nicht. Er drehte sich weg und schwieg. Nach einer Pause fuhr er fort: „Er sprach nur von einer genialen Shownummer, für die das kleine Pony genau richtig wäre. Mehr weiß ich auch nicht. Er hatte sich in letzter Zeit ziemlich abgeschottet und mich nicht mehr in seine Pläne eingebunden."

Anita und ihr Freund sahen sich an, beide dachten dasselbe. Sie wünschten sich nur noch, dass Mattheo endlich aufhören würde, um den heißen Brei herumzureden, und mit dem Namen des großen Unbekannten rausrücken würde.

„Mattheo, ich meine es ernst! Zum letzten Mal: Wer hat das Pony? Zu wem hast du es gebracht?"

Mattheo schaute auf. Plötzlich sagte er ernst: „Zum Direktor."

Anita platzte überrascht heraus: „Welcher Direktor?"

Mattheo sah sie kurz verwirrt an, und ein Lächeln huschte über seine Lippen.

„Der Zirkusdirektor!", klärte Mattheo sie auf.

„Der Zirkusdirektor", murmelte Anita gedankenverloren. Sie starrte ins Leere.

Vor ihrem inneren Auge spielten sich Horrorszenen ab, sie stellte sich vor, wie ihr Pony mit der Peitsche gezwungen wurde, durch einen Feuerring zu springen.

„Wieso entführt ein Zirkusdirektor ausgerechnet mein Pony? Warum?" Anita kamen hunderte Fragen in den Sinn.

„Wie heißt er? Welcher Zirkus?", hakte ihr Freund nach.

„Der Name des Zirkus wird euch keine Hilfe sein, da er laufend umbenannt wird. Die Geldprobleme sind zu groß geworden, und er hat bei vielen Leuten Schulden. Sich von zwielichtigen Personen Geld zu leihen, war nicht seine beste Entscheidung. Sie setzen ihn unter Druck. Deshalb nennt er sich und den Zirkus ständig um und taucht immer wieder unter."

„Ja, aber, wenn wir die Polizei rufen, dann wird sie ihn schon finden!" Anita stellte sich das ganz einfach vor.

„Die Polizei ist sein geringstes Problem", sagte Mattheo spöttisch, „er hat mehr Angst vor den Geldverleihern als vor der Polizei!"

„Das kommt davon, wenn man sich von den falschen Leuten Geld borgt", konnte sich Anitas Freund nicht verkneifen anzumerken.

„Darum bleibt der Zirkus auch nie lange an einem Ort, sondern ist ständig auf Reisen", erklärte Mattheo.

„Wie heißt denn der Zirkusdirektor?", wollte Anita wissen.

„Ludwig Chiocetti."

„Und der derzeitige Name des Zirkus?"

„Aktuell Zirkus Filippo." Mattheo machte eine Handbewegung, die sie als Verabschiedung deuteten. Er ließ die beiden einfach stehen und zog sich in seinen Wohnwagen zurück. Anita notierte den Namen in ihrem Handy, um ihn nicht zu vergessen.


Es war inzwischen dunkel geworden, das Licht der Autoscheinwerfer erhellte die Straße. Abseits davon wurde die Umgebung von der Dunkelheit verschluckt. Anita telefonierte mit Silvia Harreiter. Sie berichtete der Züchterin von ihren Erlebnissen und der neuen Spur.

„Im Zirkus?" Silvia glaubte im ersten Augenblick, sich verhört zu haben. „Auf die Idee wäre ich nie gekommen. Aber alles ist besser, als wenn der Kollinger Porzellan hätte."

„Und ich habe schon befürchtet, dass der Schlachter mein Pony geschnappt hat", seufzte Anita erleichtert.

„Wir müssen zum Zirkus!", sagte Anita und wandte sich an ihren Freund, der hinter dem Lenkrad saß.

„Jetzt?", fragte er.

„Ja klar! Silvia, ich melde mich später." Sie legte auf.

Ihr Freund sah sie skeptisch an: „Es ist schon viel zu spät. Der Zirkus hat sicher schon geschlossen. Und was willst du dort tun? Einbrechen und Porzellan zurückstehlen? Der Tag war lang. Wir sollten das strategischer angehen."

„Vorausgesetzt, wir finden den Zirkus", sagte sie, während sie den Namen Ludwig Chiocetti googelte. Da die Straße sehr kurvig war, packte sie ihr Handy zurück in die Tasche. Ihr wurde leicht übel, wenn sie im Auto las.

„Wenigstens haben wir jetzt eine Spur. Wenn wirklich der Zirkusdirektor das Pony entführt hat, dann werden wir es auch finden."

Genau das sollte sich aber als viel schwieriger herausstellen, als sie dachten.

# Kapitel 21

# Filippo

Müde und erschöpft fielen die zwei ins Bett. Obwohl Anita todmüde war, wälzte sie sich im Bett hin und her und wachte immer wieder auf. Die Bilder von traurigen Zirkustieren, die zugeschnürt mit Glitzerriemen in der Manege im Kreis liefen, verfolgten sie bis in den Schlaf, und sie verbachte wieder einmal eine unruhige Nacht. Auch ihr Freund hatte keine erholsame Nacht. Er bemerkte, wie sie sich von einer Seite auf die andere drehte. Ihre Unruhe störte auch seinen Schlaf.

„Hast du Albträume?", fragte er sie leise.

„Mmmh", brummte Anita verschlafen.

Er nahm sie in die Arme und schmiegte sich an sie. In seinen Armen fühlte sich Anita geborgen. Sie war nicht allein. Zusammen würden sie es schaffen und Porzellan wiederfinden. Mit diesen positiven Gedanken schlief sie spät und ziemlich geschafft wieder ein.

In der Früh öffnete Anita die Augen. Ihr Herz raste. Sie hatte schlecht geträumt. Sie hatte grelle Lichter gesehen, aus denen ein Mann im weißen Umhang und mit einer großen geschwollenen Nase auf sie zukam. Kurz bevor er sie erreicht hatte, war sie aufgewacht. Für den Bruchteil einer Sekunde hatte sie geglaubt, ihn tatsächlich vor sich zu sehen. Dann bemerkte sie, dass es nur ein weißes T-Shirt war, welches sie am Vortag auf den Stuhl gehängt hatte. Sie starrte an die Decke, und langsam wich das Gefühl der Panik der glücklichen Erkenntnis, dass es nur ein Traum gewesen war. Aber auch in der Realität war alles ganz und gar nicht gut. Ihr erster Gedanke galt Porzellan. Wo konnte sie nur sein? Ging es ihr gut? Anita setzte sich im Bett auf, um sich einen Moment zu sammeln, und bemerkte erst jetzt, dass die andere Bettseite leer war. Wo war ihr Freund? Müde und geschlaucht schleppte sie sich durch die Wohnung. Sie fand ihren Freund in der Küche vor dem Laptop.

„Guten Morgen", krächzte Anita. Ihre Stimme war noch nicht aufgewacht. „Wie lange sitzt du schon hier?", fragte sie ihn.

„Morgen! Zwei Stunden sicher schon", antwortete er, „ich konnte nicht mehr schlafen."

„Hast du schon herausgefunden, wo der Zirkus ist?"

„Nur wo er bis vorgestern war."

„Bis vorgestern ...", murmelte Anita, „dann kann er jetzt ja schon überall sein."

„Ja, leider, und ich finde auch nichts über diesen Zirkus Filippo. Ich hoffe, der Name wurde nicht schon wieder gewechselt. Es ist wirklich schwierig, auch nur irgendetwas über ihn zu erfahren."

„Der Zirkusdirektor will nicht gefunden werden. Er hat zu große Angst vor den Leuten, denen er Geld schuldet. Aber wie will er sich dann von seinen Schulden erholen? Wie erfahren die Leute, die gerne eine Zirkusshow ansehen möchten, wo der Zirkus gastiert?"

„Das wird es für ihn nicht einfacher machen. Wahrscheinlich kommen immer weniger Gäste. Im Internet findet man so gut wie nichts über den Zirkus. Keine Homepage, keine Präsenz bei Social Media, nichts. Selten habe ich mich so schwergetan, etwas herauszubekommen", sagte ihr Freund ratlos.

„Aber in der Szene wird man sich doch kennen, oder nicht? Was ist, wenn wir einen anderen Zirkus fragen?", grübelte Anita.

„Auch eine Idee."


„Kann ich Escada als Handpferd mitnehmen?" Anitas Schwester stürmte bei der Tür herein. Sie hatte sich stallfertig gemacht, trug ihre Reitsachen und wollte zu den Pferden.

„Ganz, wie du magst!", antwortete Anita. Sie war froh, dass sie in dieser Situation auf die Unterstützung ihrer kleinen Schwester zählen konnte. An Escada, Rubjen,

Rubineska und Rubielle war momentan nicht zu denken. Sie mussten das Pony finden. Anitas Schwester übernahm inzwischen gerne die Arbeit mit ihren Pferden. Zu reiten hatte sie schon sehr früh begonnen. Sie war so klein gewesen, dass ihre Beine nicht über den Sattel geragt hatten. Gemeinsam mit Anita hatte sie damals täglich Stunden im Stall verbracht. Bei etlichen Sitzlonge-Stunden hatte sie auf der Haflingerstute Escada reiten gelernt. Die verlässliche Stute hatte sie durch sämtliche Prüfungen zu ihren Reitabzeichen getragen, und sie war mit ihr bei ihrem ersten kleinen Springturnier gestartet. Später hatte sie dann mit ihrem eigenen Pony, einem Schimmelwallach mit einem Stockmaß von 130 cm, an Reitprüfungen teilgenommen. Mittlerweile war ihre Schwester zu groß für das kleine Pony, das wie ein Miniatur-Andalusier aussah. Genauso wie Anita mit dem „Pferde-Gen" infiziert, half sie ihrer großen Schwester immer wieder im Stall bei ihren Pferden. Sie liebte die Verlässlichkeit von Escada, die Vielseitigkeit von Rubineska und die Spritzigkeit der Paint-Stute Jessy. Mit den Jungspunden Rubjen und Rubielle spielte sie leidenschaftlich gerne im Round-Pen. Anita nahm ihre Mitarbeit dankend an. Vor allem in Zeiten wie diesen.

„Wisst ihr schon, wo der Zirkus ist?", fragte ihre Schwester.

„Noch nicht", antwortete Anita, „aber ich will jetzt mal zur Polizei fahren und denen berichten, was wir herausgefunden haben."

„Ob das was nützt?", zweifelte ihr Freund.

„Wir dürfen nichts unversucht lassen!", rief Anita, während sie zum Kleiderschrank trottete. Sie verdrängte ihren Albtraum, während sie aus dem Pyjama und in ihr Tagesoutfit schlüpfte.

Sie machten sich auf den Weg zur nächsten Polizeistation. Bei der Dienststelle angekommen, mussten Anita und ihr Freund erst anläuten, bevor sie das Gebäude betreten konnten. Dort erwartete sie ein etwas griesgrämiger älterer Herr in Uniform. Die beiden erzählten von den Ereignissen der letzten Tage. Währenddessen tippte der Polizist ein Protokoll am Computer. Er unterbrach Anita immer wieder, da er mit dem Tippen nicht nachkam. Mühselig suchte er jeden einzelnen Buchstaben auf der Tastatur mit dem Zeigefinger. Tack. Tack. Tack. Das Gespräch dauerte eine gefühlte Ewigkeit, da der Polizist immer wieder um eine Pause bat.

Am Ende sah er die beiden an und meinte: „Na ja, sehr viele Indizien haben Sie ja nicht."

Anita, die sich große Hoffnungen gemacht hatte, dass ihr die Polizei weiterhelfen würde, musste sich sehr beherrschen, um nicht zu explodieren. „Deshalb sind wir ja hier, Sie müssen uns helfen! Bitte finden Sie den Zirkusdirektor!"

„Vor mir liegt das Protokoll von Silvia Harreiter. Sie war gestern bei uns und hat eine Anzeige gegen unbekannt aufgegeben. Sie hat irgendetwas von einem Kollegen aus der Zuchtbranche geredet, den sie verdächtigt ... Und jetzt kommen Sie und erzählen mir etwas von einem Zirkusdirektor ... Was wir jetzt brauchen, sind hieb- und stichfeste Beweise! Bisher gibt es nur Anschuldigungen und Vermutungen. Vor Gericht also nicht verwertbar. Schwierig ... Aber ... Wir kümmern uns darum."

Anita fühlte sich ziemlich abgespeist.

„Wir kümmern uns darum", äffte sie den Polizisten nach, als sie am Parkplatz zu ihrem Auto gingen.

Wieder zuhause angekommen, setzten sich Anita und ihr Freund sofort an ihre Laptops.

„Wir können jetzt nicht rumsitzen und warten, bis die Polizei etwas herausgefunden hat", sagte ihr Freund und haute in die Tasten. Im Gegensatz zum Polizeibeamten beherrschte er das Zehnfingersystem auf der Tastatur.

Anita verfolgte inzwischen ihre Idee mit den anderen Zirkussen. Aber der Versuch blieb erfolglos! Sie telefonierte zwar mit einigen bekannten Zirkussen, jedoch wollte sich niemand zu Chiocettis „Zirkus Filippo" äußern. Einige taten überhaupt so, als wüssten sie nicht, von wem sie sprach.

„Schade, dass das eine Sackgasse ist!", murmelte Anita etwas niedergeschlagen. Wo sollten sie nur suchen? Hatte der Zirkusdirektor wirklich das Pony entführen lassen oder waren sie auf einer komplett falschen Fährte?

Plötzlich platzte ihre Schwester ins Zimmer.

„Was ist passiert? Bei den Pferden alles okay?", fragte Anita besorgt.

„Was? Äh, ja, im Stall passt alles", antwortete sie verwirrt. „Aber als ich reiten war, ist mir etwas eingefallen!"

Anita sah von ihrer kleinen Schwester zu ihrem Freund.

„Ja?"

„Erinnerst du dich noch an die Vorführungen in Stassing?", fragte ihre Schwester. „Meine Freundin ist dort mit dem Reitverein aufgetreten, und sie hat mir erzählt, dass sie sich am nächsten Tag die Einlage des Zirkus angesehen hat. Sie fand vor dem Kranzlstechen statt."

Das Wort „Zirkus" betonte sie besonders.

„Ah, jaaaaa!", Anita verstand sofort, worauf sie hinauswollte. „Der Zirkus! Warum haben wir nicht gleich daran gedacht? Der Zirkusdirektor war die ganze Zeit auf dem Gelände, und dort hat er natürlich auch das Pony gesehen! Aber wie finden wir ihn jetzt?"

„Über den Veranstalter", sagte ihr Freund, der bereits nach ihm googelte.

„Stimmt! Der Veranstalter von Stassing hat bestimmt die Nummer vom Zirkusdirektor!" Anita sprang euphorisch durch den Raum.

„Na, das nenn ich Teamwork!", grinste ihre kleine Schwester.

Anita wählte die Handynummer des Veranstalters. Aufgeregt ging sie mit dem Handy am Ohr durch das Zimmer. Es läutete.

„Hallo! Blumauer, wer spricht?", sagte der Veranstalter am anderen Ende der Leitung.

Als würde Anita einen Schnell-sprech-Wettbewerb gewinnen wollen, sprudelte es nur so aus ihr heraus.

„Langsamer!", deutete ihr Freund, „und halte dich kurz!"

Es dauerte nicht lange, bis sie die gewünschte Telefonnummer auf einen Zettel kritzeln konnte.

„Falls Ihnen noch etwas einfällt, Herr Blumauer, können Sie sich jederzeit bei mir melden! Und vielen Dank nochmal!", verabschiedete sie sich und legte auf.

„Das hier ist die Handynummer vom Zirkusdirektor", sagte sie stolz, während sie die Nummer wählte.

Gespannt beobachteten sie ihr Freund und ihre kleine Schwester dabei. Würde jetzt gleich der Zirkusdirektor ans Telefon gehen? Wie sollte sich Anita verhalten?

Ungeduldig wartete Anita mit dem Handy in der Hand.

# Kapitel 22

# Plakat

„Kein Anschluss unter dieser Nummer", tönte es aus dem Telefon.

Enttäuscht legte Anita auf.

„Die Nummer gibt's nicht mehr", sagte sie.

„Der Direktor hat bestimmt seine Nummer geändert", sagte ihr Freund.

„Wir waren so knapp dran!", verzweifelt griff sie sich an den Kopf.

„Jammern hilft jetzt auch nichts. Bevor ich hier Däumchen drehe, fahre ich nach Hochberg. Bei meiner Suche bin ich auf eine alte Ankündigung gestoßen. Dort muss der Zirkus vor zwei Tagen noch eine Vorstellung gehabt haben. Vielleicht kann uns dort jemand weiterhelfen!", sagte Anitas Freund.

„Ich komme mit!"

„Wie kann das überhaupt sein, dass ein Zirkus, der laufend an verschiedenen Orten gastiert, keine Spur im Internet hinterlässt!", murmelte er. „Vor zwanzig Jahren, okay. Aber heute?"

„Das wundert mich auch, schließlich ist ein Handyvideo schnell mal gemacht und hochgeladen", sagte Anita.

„Oder Besucher machen ein Selfie und posten es auf Instagram!", führte er fort.

„Ah", rief sie, „hast du unter dem Hashtag ‚zirkusfilippo' schon nachgesehen?"

„Ja ... Nichts."

„Mmmh ... Warum ist das nur so schwierig?", ärgerte sie sich.

„Lass uns mal hinfahren", sagte er zuversichtlich.

„Wo genau war der Zirkus? Hast du eine Adresse?", fragte Anita.

„Nö, aber wo kann denn ein Zirkus schon sein? Die brauchen viel Platz, und Hochberg ist nicht so groß."


Ohne Navi tingelten die beiden durch den Ort. Sie fuhren Straße für Straße ab und hielten Ausschau nach dem Platz, wo der Zirkus sein Zelt aufgeschlagen haben könnte.

„Vielleicht auf dem Parkplatz da drüben!", sagte Anita und zeigte auf eine riesige asphaltierte Fläche. Ihr Freund bog in die Straße ein, stellte den Motor ab und sie suchten zu Fuß weiter. Sie teilten sich auf. Anita läutete bei den angrenzenden Häusern an, um vielleicht etwas von den Nachbarn zu erfahren. Ihr Freund ging den Parkplatz ab, um nach Auffälligkeiten Ausschau zu halten. Die Leute hatten nichts Ungewöhnliches bemerkt. Auch ihr Freund kam unverrichteter Dinge zum Auto zurück. Verzweifelt blickten sie um sich. So planlos waren sie noch nie gewesen. Das Pony war wie vom Erdboden verschluckt, der Zirkus nicht auffindbar, die Polizei verfügte über keine weiteren Hinweise und sie standen allein auf einem großen Parkplatz. Ihr Auto war das einzige weit und breit. Ziemlich niedergeschlagen stiegen sie ein und fuhren los.

Plötzlich rief Anita: „Wart mal! Bleib kurz stehen!"

„Hast du mich erschreckt! Was ist los?", fragte ihr Freund verwirrt.

„Ich glaube, ich habe da was gesehen! Halt mal kurz an!"

Anita riss die Beifahrertür auf und lief zu einem Mast neben der Straße. An diesem hing ein gelb-rotes Plakat. Oder eher die Reste eines Plakates. Es war ziemlich verwittert und an manchen Stellen zerrissen, aber einige Worte waren noch lesbar.

„Zirkus Filippo! Die beliebte Zirkusshow! Vergessen Sie alles, was Sie über Zirkusse wissen, und besuchen Sie den Zirkus Filippo!"

Zwei Artisten, die auf einem Hochseil balancierten, schmückten die linke Ecke, rechts lachte ein Clown mit roter Nase und weißem Shirt, und in der Mitte sah man ein gescheckтes, steigendes Pferd.

„Oh nein!", ärgerte sich ihr Freund, der mit ihr vor dem Plakat stand und es genau inspizierte. Der untere Bereich des Zettels war knallgelb hinterlegt, aber schon ziemlich zerfetzt. In schwarzer Schrift konnten sie noch die Vorstellungszeiten entziffern: „Hochberg, werktags 15:30 und 20:00 Uhr, Wochenende 11:00 und 15:00 Uhr."

Genau an der Stelle, an der die Telefonnummer für den Ticketvorverkauf stand, war die Reklame eingerissen.

„Ausgerechnet da!" Anita deutete auf die leere Stelle. „Genau hier kann man die Nummer nicht mehr lesen!"

Ihr Freund versuchte aus den Papierfetzen, die herunterhingen, die Zahlen wiederherzustellen. Die Futzel des Plakates waren jedoch unbrauchbar.

„Na toll", sagte Anita, als sie ihr Handy aus der Tasche holte. Sie fotografierte das Plakat.

„Davon muss es ja hier im Ort noch mehr geben! Vielleicht finden wir noch ein anderes", schlug ihr Freund vor.

„Keine Ahnung, das hier scheint schon länger zu hängen, oder nicht? Aber versuchen wir es. Vielleicht finden wir ja noch ein Plakat – diesmal mit Telefonnummer!"

Sie fuhren den Ort abermals ab und suchten nach dem rot-gelben Plakat. Mittlerweile war es dunkel geworden.

Nichts.

An keiner Laterne, an keinem Zaun, an keiner Werbewand war eine Spur vom Zirkus Filippo zu entdecken.

„Ich glaube, ich könnte hier als Postler anfangen, so gut, wie ich die Straßen hier schon kenne." Ihr Freund versuchte, seine Enttäuschung zu überspielen.


Wieder zu Hause angekommen, kramte Anita nach ihrer Videokamera. Ohne die Videofiles zu öffnen, lud sie diese von der Kamera auf ihren Laptop. Sie fuhr mit dem Mauszeiger über die einzelnen Videoelemente.

„Da war die Welt noch in Ordnung", dachte sie sich, bevor sie sich überwand und mit einem Doppelklick die Videodatei öffnete. Augenblicklich war der Flashback da! Der Pferdemarkt, die vielen Leute, der Trubel, die Lose und das Pony. Es kam Anita vor, als wären es Bilder aus einer anderen Zeit. In Wirklichkeit war das alles erst vor zwei Tagen passiert.

„Zusammenreißen", befahl sich Anita, während sie damit kämpfte, nicht in Tränen auszubrechen. Immer wieder sah sie das kleine Pony, wie es von der Züchterin auf dem Reitplatz herumgeführt wurde. Es tat so weh, Porzellan zu sehen, sich selbst mit ihr zu beobachten, ohne zu wissen, wo sie jetzt war und ob es ihr gut ging.

„Da war alles noch in Ordnung", schluckte sie und ihre Augen füllten sich mit Tränen. Die Trauer, die Wut, die ganze Enttäuschung, die sie so lange unterdrückt hatte, kamen auf einmal hoch. Ihr Freund bemerkte es und umarmte sie. Nun gab es kein Halten mehr. Anita ließ ihren

Gefühlen freien Lauf. Das Video vom Pferdemarkt lief indes am Laptop weiter. Es zeigte Anita strahlend mit Escada und Rubineska bei der Siegerehrung, während ihr der Schiedsrichter gratulierte und den Pokal überreichte. Im Hintergrund stand der Veranstalter, der die Preise und die grünen Plastikplaketten ordnete.

„Warte mal! Ich muss hier kurz das Video anhalten", sagte ihr Freund, während sich Anita tränenverschmiert aus seiner Umarmung löste. Er drückte auf die Pausetaste.

„Achte mal auf das Publikum am Reitplatzrand. Ist da nicht Mattheo mit einem anderen Artisten. Da, der mit dem roten Hut!" Aufgeregt deutete er auf den Bildschirm.

„Er war also auch da", sagte Anita. „Klar! Der Zirkus hatte ja einen Auftritt vor dem Kranzlstechen. Wahrscheinlich hat er den Artisten bei der Vorbereitung geholfen."

Anita sah sich noch einmal Szene für Szene das Video an. Neben Mattheo stand hoch aufgerichtet ein Mann. Er trug einen glitzernden, grünen Mantel und hatte einen kaminroten Zylinder auf dem Kopf. Ob das der Zirkusdirektor war?

# Kapitel 23

# Community

„Hast du noch das Foto von dem Zirkusplakat?", wollte ihr Freund wissen.

Anita nickte.

„Erinnerst du dich noch, als wir gestern nach dem Hashtag ‚zirkusfilippo' gesucht und nichts gefunden haben?"

Anita nickte wieder.

„Warum postest du nicht eine Anfrage auf Instagram, in der du deine Community um Hilfe bittest. Frage nach, ob jemandem der Zirkus aufgefallen ist?"

An ihren Blicken erkannte er, wie es in ihrem Kopf ratterte.

„Gute Idee!", antwortete sie verblüfft, „warum bin ich da nicht selbst draufgekommen?"

„Und wenn du schon das Videomaterial sichtest, mach auch gleich etwas für Youtube! Schneide ein paar Bilder zusammen, präsentiere das Pony und zeig, wie du Porzellan gewonnen hast! Danach würde ich einfach einen Realtalk machen und einen Aufruf starten. Vielleicht kann dir ja jemand von deinen Followern weiterhelfen."

„Du hast recht. Irgendjemand muss doch diesen Zirkus gesehen haben", murmelte sie.

„Und wenn Porzellan doch nicht im Zirkus ist, dann hat vielleicht jemand einen anderen Hinweis für dich!", sagte er.

Anita versuchte ihre schlimmsten Befürchtungen zu verdrängen. Sie klammerte sich an die Tatsache, dass ihr Pony wirklich im Zirkus war und sie es bald finden würde. Sofort stürzte sie sich in die Arbeit, froh, etwas tun zu können. Der Titel für das Youtube-Video war schnell gewählt: „Eigentlich sollte das der schönste Tag meines Lebens werden ..."

„Etwas lang für einen Videotitel, aber egal!", dachte sie sich.

Es vergingen Stunden. Während sie an dem Videoschnitt saß, musste sich Anita immer wieder eine Träne aus dem Gesicht wischen. Als sie fertig war, holte sie ihr Stativ, montierte ihre Kamera und setzte sich davor. Dann drückte sie auf Aufnahme und begann alles zu erzählen, was inzwischen passiert war. Sie stieg an dem Zeitpunkt des Videos ein, als sie glücklich nach der Verlosung nach Hause fuhren, und ließ kein Detail aus. Sie hoffte auf die Unterstützung ihrer Zuseherinnen und Zuseher.

„Wann lädst du das Video hoch?", fragte sie ihr Freund.

„Jetzt gleich", antwortete sie, als sie die aufgenommenen Videodateien auf den Laptop spielte.

„Das dauert alles ganz schön lange", bemerkte er.

„Das höre ich öfter! Viele unterschätzen diese Arbeit. Bei einem Youtube-Video geht es nicht nur darum, auf Aufnahme zu drücken und loszureden. Da steckt viel mehr dahinter!", sagte sie.

Als sie das Vorschaubild, den Infoboxtext und alle Verlinkungen bearbeitet hatte, ging das Video online. Bereits nach wenigen Sekunden trudelten die ersten Kommentare ein. „Erste!" oder „So früh war ich noch nie!", las sie. Danach folgten liebe Worte wie:

„Oh nein, Anita, fühl dich gedrückt!"

„Kopf hoch, du wirst sie schon finden!"

„Ich werde Augen und Ohren offen halten!"

„Gerade du! Du hast es dir so sehr gewünscht, und dann wird dir das Pony weggenommen!"

Auch auf Instagram wurde sie mit Nachrichten überhäuft. Die meisten waren Mitleidsbekundungen, so viele bedauerten ihre Situation. Anita erhielt viele Nachrichten von mitfühlenden, engagierten Mädchen, die ihr helfen und sich auf die Suche nach Porzellan machen wollten. Anita klickte sich durch etliche Fotos von fremden Ponys, die leider wenig Ähnlichkeit mit Porzellan hatten. Keines davon war ihr Pony.

„Gib der Sache noch Zeit, Anita. Das würde ja an ein Wunder grenzen, wenn sich jetzt so schnell jemand meldet, der weiß, wo das Pony ist!" Ihr Freund versuchte ihre Erwartungen niedrig zu halten.

„Vielleicht ist Porzellan ja auch gar nicht im Zirkus", stieß sie verzweifelt hervor.

Ihr Freund kam auf sie zu und umarmte sie. Auch er hatte einen Kloß im Hals. Diese Ungewissheit war bedrückend.

„Lass uns zu den Pferden fahren, wir müssen mal wieder den Kopf freibekommen", forderte er sie auf.

# Kapitel 24

# Instagram

Stunden vergingen. Aus Stunden wurden Tage. Aus Tagen wurden Wochen.

Nichts.

Keine Spur von dem verschwundenen Pony. Weder die Polizei noch die Züchterin noch der Veranstalter oder sonst jemand entdeckte irgendetwas. Mit jedem Tag, der verging, schwand Anitas Hoffnung auf ein Wiedersehen mit Porzellan. Zwar erhielt sie weiterhin einige Nachrichten auf Instagram, auf denen kleine Schimmelponys zu sehen waren. Aber keines passte auf die Beschreibung: Stute, Stockmaß 72 cm, Schimmel, keine Abzeichen, lange Mähne, buschiger Schweif, dunkle Augen, kleine Verletzung am Ohr.

Entweder waren es Wallache, oder die Größe passte nicht. Viele waren gar keine Schimmel.

Ohne Erwartungen scrollte Anita täglich aufs Neue durch die Nachrichten. Es gehörte mittlerweile zu ihrer Morgenroutine. Anziehen, stylen, Messages checken und schauen, ob eine Nachricht über ihr Pony dabei war. Ohne große Hoffnungen wischte sie durch die Instagram-Nachrichten.

Eines Tages jedoch blieb sie an einer Message hängen:

„Hi Anita! Ich habe vor einiger Zeit dein Video gesehen, und es tut mir unendlich leid für dich! Ich habe mich umgehört, aber niemand hat etwas von deinem Pony gesehen. Bis ich vor Kurzem in einen Zirkus gegangen bin. Der hat aber nicht Zirkus Filippo geheißen, sondern Zirkus Pedro. Bei der Vorstellung war ein Pony, das Porzellan sein könnte! Ich bin mir ziemlich sicher! Schau doch mal dorthin! Momentan ist der Zirkus in Elskirchen! Liebe Grüße, Charlotte."

Unter dieser Nachricht hatte sie ein Foto gestellt. Darauf war – auf einem völlig überbelichteten Foto – ein kleines Pony zu erkennen, das neben einem Mann stand. Nur schwer waren die Umrisse einer Manege zu erkennen.

„Das kann ja jedes Pony sein", murmelte ihr Freund, der ihr über die Schulter geschaut und mitgelesen hatte.

Anita stimmte ihm zu. Aber irgendetwas sagte ihr, dass sie es doch versuchen sollte. Auch wenn sie sich sehr wenig davon versprach. Sie suchte auf Google Maps nach dem Ort Elskirchen.

„Zwei Stunden dreißig", sagte sie, „also das ist nicht gerade um die Ecke."

„Los, fahr schon, versuch's einfach!", versuchte ihr Freund, sie zu motivieren, der es nicht mehr mitansehen konnte, wie traurig und lustlos seine Freundin in letzter Zeit war.

Zweieinhalb Stunden später passierte Anita das Ortsschild Elskirchen. Die Sonne schien, nur wenige Wolken zierten den blauen Himmel. Für einen Spätsommertag war es ungewöhnlich warm. Auf ihrer Online-Karte hatte sie eine große Wiese neben einem Feuerwehrhaus gesehen. Es war der einzig mögliche Platz, an dem der Zirkus stehen konnte. Zielstrebig folgte sie den Anweisungen ihres Navis. Ein knallgelbes Schild in Pfeilform mit der Aufschrift „Zum Zirkus" bestätigte ihre Vermutung. Hatte Charlotte recht? Würde sie hier ihr Pony finden?

# Kapitel 25

# Gelbe Kreise

Anita fuhr weiter. Sie befand sich in einem Wohngebiet, in dem ein Einfamilienhaus neben dem anderen stand. Vor jedem parkte ein Auto.

„Wenn hier wirklich der Zirkus sein soll, ist aber wenig los! Oder kommen die Leute alle zu Fuß?", wunderte sich Anita.

Endlich erreichte sie eine große Wiese. Der Rasen war kurzgeschnitten. Am anderen Ende stand das Feuerwehrhaus.

„Da muss es sein. Aber hier ist nichts! Weit und breit kein Zirkus!", sagte sie zu sich selbst. Anita parkte ihr Auto und stieg aus. Auf der Suche nach einem weiteren Zirkusschild ging sie über die Wiese. An manchen Stellen war das Gras abgetretener als an anderen. Plötzlich hielt sie inne, die Wiese vor ihr war gelb verfärbt. Sie blickte auf und trat ein paar Schritte zurück. Anita stellte fest, dass sie mitten in einem gelben Kreis stand, der von einem weiteren Kreis umrandet war. Dieser Bereich der Wiese war nicht ganz so gelb wie der innere. Und ganz außen sah sie die Umrisse eines weiteren Kreises, in dem das Gras fast ganz grün war. Sie packte ihr Handy aus der Tasche und fotografierte die drei großen Ringe auf der Wiese. Am Bild waren diese noch deutlicher zu erkennen.

„Der innerste Kreis muss die Manege gewesen sein", vermutete sie.

Ohne darauf zu achten, dass vorbeigehende Passanten sie neugierig anstarrten, ging sie in die Knie und suchte den Bereich geduckt ab. Etwas Helles am Boden blendete sie. Sie bückte sich, um zwischen den Sägespänen, die am Rasen verteilt waren, einzelne silberne Konfettistreifen aufzuheben. Anita konnte sich erinnern, dass solche Streifen im Zirkus aus Konfettikanonen geschossen wurden.

Einige Meter weiter fielen ihr weitere gelbe Flächen im grünen Gras auf. Diese waren im Gegensatz zu den kreisförmigen Abdrücken eckig. Anita vermutete, dass die Abdrücke von den Wohnwagen herrührten, die hier abgestellt worden waren. Sie versuchte sich das Zelt und die Campingwagen auf dem leeren Grünplatz vorzustellen. Schließlich rief sie ihren Freund an.

„Der Zirkus muss hier gewesen sein. Es kann noch nicht so lange her sein, sonst wären die Abdrücke im Gras nicht so frisch! Sie sind noch ganz deutlich zu erkennen! Ich schätze, dass ich die Artisten nur knapp verpasst habe. Es gibt leider keine Spur, die auf die Pferde hindeutet, und ich habe auch keine Ahnung, wohin die Truppe weitergereist ist!"

„Sonst gibt's dort nichts?"

„Nein, am Weg hierher habe ich nur ein knallgelbes Richtungsschild gesehen, mit der Aufschrift ‚Zum Zirkus‘.“

„Fahr doch den Ort noch einmal ab, vielleicht haben die beim Abbauen ein Werbeplakat vergessen!“, riet er ihr.

Mit den silbernen Konfettistreifen in der Hand, stieg sie ins Auto. Sie fuhr im Schneckentempo Straße für Straße ab, streckte an jeder Ecke den Kopf aus dem Fenster, wobei ihr vorbeikommende Passanten einen verwunderten Blick zuwarfen. Kurz bevor sie aufgeben und nach Hause fahren wollte, entdeckte sie ein Schild. Es stand an einer Hausmauer gelehnt. Die Zirkusleute mussten es beim Abmontieren abgelegt und dann vergessen haben.

„Der Zirkus Pedro lädt ein!“, verkündete die große, bunte Schrift auf dem Plakat. Anita überflog die Zeilen und fand schnell die Tickethotline. Im Gegensatz zu dem Plakat, das sie in Hochberg mit ihrem Freund entdeckt hatte, war dieses noch gut erhalten und alles war lesbar. Schnell fischte sie ihr Handy aus der Tasche und wählte die Nummer. Eine gelangweilte Männerstimme meldete sich:

„Ticketline Zirkus Pedro. Guten Tag, was kann ich für Sie tun?“

Anita, überrascht darüber, dass so schnell abgehoben wurde, stammelte: „Äh, ja, hallo … Ich würde gerne Ihren Zirkus besuchen! Wo findet denn die nächste Vorstellung statt?“

„In Lanz, morgen um 16:00 Uhr. Soll ich Ihnen Tickets reservieren?“

„Äh, danke! Aber ich hole sie mir vor Ort ab!“

„Ist gut, auf Wiederhören!", brummte die Stimme am anderen Ende.

Anita legte auf. Endlich ein neuer Hoffnungsschimmer.

Hatte ihre Suche bald ein Ende? War sie nun auf der richtigen Spur?

# Kapitel 26

# Pedro

Voller Erwartungen machte sich Anita am nächsten Tag auf den Weg nach Lanz. Wieder nahm sie eine weite Reise auf sich, um endlich Gewissheit zu bekommen. Es kam ihr wie eine halbe Ewigkeit vor, dass sie das Pony gewonnen und zum letzten Mal gesehen hatte.

„Die Adresse habe ich. Den Namen des Zirkus auch. Jetzt muss nur die Vermutung meiner Followerin Charlotte stimmen, dass Porzellan dort ist!", versuchte sie sich selbst aufzumuntern.

Wie kleine Wattebäuschchen hingen die Wolken am strahlend blauen Himmel. Der Anblick erinnerte Anita an das Intro der Serie Simpsons. Nach einiger Zeit erreichte sie die Stadt Lanz. An jeder zweiten Straßenkreuzung hingen die Schilder des Zirkus Pedro und wiesen ihr den Weg. Als sie auf den geschotterten Parkplatz fuhr, hatte sie keine Mühe, einen freien Platz zu finden, obwohl sie nur knapp fünfzehn Minuten vor der Vorstellung angekommen war. Überrascht, dass so wenig los war, stapfte sie in Richtung der Zelte.

Auf dem Weg begegneten ihr vereinzelt ein paar Familien mit Kindern, die auch vom Parkplatz zum Zirkuszelt marschierten. Sie selbst konnte sich nicht erinnern, wann sie das letzte Mal einen Zirkus besucht hatte.

„Wahrscheinlich als Kind, mit meinen Eltern oder vielleicht auch mit Oma und Opa?"

Obwohl nicht mehr viel Zeit bis zum Showbeginn blieb, war es am Eingang erstaunlich ruhig. Anstelle der erwarteten Schlange stand kein Mensch vor der Kassa. Ohne sich anstellen zu müssen, trat Anita an den Zirkuswagen, der an der Decke große leuchtende Buchstaben mit dem Wort „Kassa" trug. Das seitliche Fenster an dem weißen Wohnwagen war zum Ticketschalter umfunktioniert worden. Hinter dem Glas hing ein schwerer dunkelroter Vorhang. Neben der Fensteröffnung waren die Eintrittspreise ausgeschildert: „Logenplatz 24 Euro, Mittelrang 19 Euro, Seitenrang 17 Euro."

„Einmal Seitenrang, bitte." Anita schob einen Zwanzig-Euro-Schein unter der Scheibe durch. Ein älterer Herr in einem ausgewaschenen roten Samtjackett legte das Wechselgeld mitsamt einer Eintrittskarte in eine Glasschale. Sie bedankte sich und griff nach dem orangeroten Ticket. Neben dem Kassa-Caravan erstreckte sich die Zirkuslandschaft. Auf dem Grasplatz reihten sich mehrere Wohnwagen aneinander. Alle waren mit einem roten Streifen umrandet, genauso wie das weiße Zelt, das direkt beim Eingang aufgebaut war. Im Inneren roch es nach Popcorn und Zuckerwatte. Viele kleine Lämpchen erhellten den dunklen Innenbereich des kleinen Zeltes, in dem ein Imbiss- und Souvenirstand waren.

153

„Wo ist hier die Manege?", wunderte sich Anita, bis sie erkannte, dass sie sich in einem Vorzelt befand, von dem aus man zum eigentlichen Hauptbereich gelangte. Am Imbissstand gab es neben Getränken, süßem und salzigem Popcorn auch Zuckerwatte in durchsichtigen Plastikeimern. Diese kleinen Kübel erinnerten Anita an die Leckerlikübel, die sie im Stall hatte und die ihr Escadas ungeteilte Aufmerksamkeit sicherten.

Neben dem Souvenirstand, an dem man Diabolos, Jonglierbälle, Drehteller und Leuchtstäbe kaufen konnte, sahen Anita zwei Augen an.

Sie stammten von einem Pony ...

# Kapitel 27

# Pony

Anita stolperte vor Schreck ein paar Schritte zurück. Im ersten Moment hatte sie geglaubt, Porzellan vor sich zu haben. Aber die schwache Beleuchtung im Vorzelt hatte sie getäuscht. Bald erkannte sie im schummrigen Licht, dass es sich nicht um Porzellan handelte. Das Pony war zwar klein, doch statt der gesuchten Schimmelponystute stand ein fuchsfarbener Wallach vor ihr. Wie eine Statue posierte das Shetlandpony artig neben einem Zirkusmitarbeiter, der einen schwarz goldenen Anzug trug. Sie warteten alleine an einem abgesperrten Bereich, der von einer roten Kordel eingezäunt war. „Ponyreiten 2,50 Euro", las Anita auf dem Schild daneben. Der Fuchswallach trug ein altes rotes Halfter und eine dunkle Schabracke am Rücken, welche mit einem Deckengurt befestigt war.

Außer Anita und dem Zirkuspersonal hielt sich niemand im Vorzelt auf. Anita schlenderte weiter und wurde vor dem Hauptzelt von einem Artisten aufgefordert, ihr Ticket vorzuzeigen. Er entwertete ihre Karte mit einem Stempel.

155

„Zum Seitenrang gelangen Sie, indem Sie erst geradeaus gehen und sich dann rechts halten", sagte ihr der Artist.

Danach betrat sie durch einen dunklen Einlass das Zelt. Die Manege in der Mitte strahlte hell beleuchtet. Direkt am Manegenrand standen einige Stühle, von denen aus man sicher die beste Sicht auf die Show hatte.

„Das müssen die Logenplätze sein", dachte Anita. Dahinter waren die Tribünenränge aufgebaut. Sie blickte sich im Zelt um, um den Aufgang zum Seitenrang zu finden. Sie schätzte, dass das Zelt etwa dreihundert Personen fassen würde. Auf den durchgehenden Sitzbänken aus Holz konnte man sich seinen Sitzplatz frei wählen. Anita ließ sich auf einer Bank weiter oben nieder.

Die Vorstellung ging in wenigen Minuten los. Viele Sitze blieben leer. Vereinzelt saßen Kinder, die mit den zuvor gekauften Leuchtstäben herumwirbelten. Manche imitierten Harry Potter, wie er einen Patronuszauber hervorrief. Andere Darth Vader aus Star Wars mit dem Leuchtschwert.

Anita saß alleine auf dem Rang. Ihr Herz schlug schneller. War sie tatsächlich nur wenige Meter von ihrem Pony entfernt? Sie überlegte, was sie tun sollte, wenn Charlotte recht hatte und sie Porzellan tatsächlich in der Vorstellung sehen sollte. In die Manege laufen und die Show unterbrechen? Bis nach der Vorführung warten und dann die Polizei rufen?

Plötzlich begann die Musik zu spielen und das Licht strahlte auf den roten Vorhang in der Manege. Die Show startete. Der Vorhang öffnete sich.

# Kapitel 28

# Ponyshow

Mindestens genauso aufgeregt wie die Artisten saß Anita hoch oben auf der Tribüne. Sie versuchte ihren Drang, an den Fingernägeln zu spielen, zu unterdrücken. Zu gerne knibbelte sie die kleinen Hautfetzen rund um die Nägel ab. Danach bereute sie es jedes Mal.

Begleitet von lauter Musik traten die Artisten in die Manege. Allen voran schritt der Zirkusdirektor. Er war von Kopf bis Fuß in leuchtenden Farben gekleidet. Sein kaminroter Zylinder glänzte im Scheinwerferlicht, und über einer weiten Hose in Rotgold trug er einen langen, grün glitzernden Frack. Unter dem Hut standen ein paar blonde Fransen hervor. Sein einstudiertes Lächeln erinnerte Anita an eine Zahnpasta-Werbung.

Ihm folgten weitere Artisten, die übertriebene Gesten machten und wie wild ins Publikum winkten, obwohl die Hälfte der Plätze leer waren. Irgendwie taten sie Anita leid.

Das Licht wurde gedimmt, als eine schlanke Frau in einem rot-weißen Kostüm in die Manege trat. In der Mitte wurde ein Trapez herabgelassen, auf dem sie sich graziös niederließ und nach oben gezogen wurde, während sie ihren Körper in alle möglichen Richtungen verrenkte.

Bewundernd beobachtete Anita, wie die Künstlerin hoch über ihr einen Spagat machte, sich dabei fallen ließ und dann die Beine um den Kopf schlang.

„Ich bin schon froh, dass ich aufrecht gehen kann", dachte sich Anita. Sie selbst erinnerte sich nur ungerne an den Sportunterricht in der Schule zurück. Für Turnübungen war sie schwer zu motivieren gewesen. Viel lieber chillte sie mit ihrer Freundin Caro beim Tratschen in einer Ecke.

Als Nächstes standen drei Mischlingshunde auf dem Programm. Wie wild liefen die kleinen Hunde bellend durch die Manege und taten deutlich nicht das, was ihre Dompteurin von ihnen verlangte. Die wenigen Kinder im Publikum waren verzückt. Ob noch mehrere Tiere im Zirkus auftreten würden? Wann kam das Pony?

„Na, hoppala", rief Anita, als einer der braunen Hunde aus der Manege in den Schoß eines Zuschauers sprang. Die Reaktion der Hundedompteurin deutete darauf hin, dass diese Aktion nicht geplant gewesen war.

Es folgte eine Show mit Jongleuren. Danach führte eine große Frau im Elsa-Kostüm zur Melodie von Walt Disneys Film „Frozen" an einem Vertikaltuch ihre Akrobatik vor. Sie hing in einigen Metern Höhe an Tüchern, die bis zum Boden reichten – ganz ohne Sicherheitsgurte oder

Auffangnetze. Geschickt schwang sie sich in verschiedene Positionen, wobei nur der Stoff, den sie um ihre Beine gewickelt hatte, sie festhielt.

Anita warf einen Blick auf ihr Handy. Wie lang würde die Show noch laufen? Ob Porzellan irgendwo hinter dem roten Vorhang wartete? Doch dann wurde sie von einem Clown mit einer roten Nase abgelenkt, der in einem langen weißen T-Shirt in die Manege marschierte.

Als die Durchsage eine zwanzigminütige Pause ankündigte, folgte Anita den anderen Zuschauern vor das Zelt. Sie wollte die Pause nutzen, um sich auf dem Gelände umzusehen. Hier draußen konnte man sich frei bewegen, nur die Zugänge zu den Stallungen und den privaten Wohnwagen waren versperrt. Anita presste die Lippen zusammen. Gerade die hätten sie interessiert. Sie stellte sich unauffällig zu der Absperrung und kniff die Augen zusammen, um besser sehen zu können. Zumindest bildete sie sich das ein. Neben ihr waren die Gurte stramm gespannt, die das Zelt hielten. In unmittelbarer Nähe parkten die Campingwagen der Artisten. Sie standen alle in einer Reihe. An manchen lehnte ein Fahrrad, bei anderen lag eine Plane auf dem Boden. Anita strengte sich an, um das Gelände genau zu scannen. In der hintersten Ecke machte sie die Umrisse eines Pferdeanhängers aus. Das war es aber auch schon. Mehr war nicht zu sehen, und näher kam sie nicht ran.

Was hatte sie erwartet? Dass jemand sie zu den Stallungen führen würde und ihr mit den Worten „Das ist das entführte Pony" Porzellan zurückgeben würde? Das

Läuten der Glocke beendete die Pause und unterbrach sie in ihren Gedanken.

Die wenigen Zuseher pilgerten zurück zu ihren Plätzen. Anita spielte mit dem Gedanken, über die Absperrung zu klettern, verwarf die Idee dann jedoch. „Wer sagt denn, dass Porzellan wirklich hier ist? Das Risiko ist zu groß", ermahnte sie sich selbst, vernünftig zu bleiben. Aber sie ließ sich Zeit, bevor sie zurück zu ihrem Platz schlenderte, um vielleicht noch etwas Auffälliges zu entdecken.

Ohne dass ihr etwas Besonderes aufgefallen wäre, setzte sie sich enttäuscht wieder auf die Holzbank im Zelt. Die Show war bereits wieder in vollem Gange. In der Manege tanzten zwei Artisten im Super-Mario-Kostüm über ein Hochseil und jonglierten dabei mit leuchtenden Plastiksternen.

Ein Raunen ging durch die Menge, als sich der schwere rote Vorhang öffnete und ein Pferd in die Manege trat. Ein gescheckter Tinker.

„Der ist echt hübsch", dachte sich Anita. Anders als viele Tinker hatte dieser anstelle von schwarzen große graue Flecken. Die lange grau-weiße Mähne wehte gleichmäßig im Galopp. Der Wallach trug ein weißes Zaumzeug mit goldenen Schnallen und Nieten. Daran war am Genick hinter den Ohren eine lange weiße Feder befestigt. Diese stand senkrecht nach oben. Genauso die zweite Feder am Rücken des Tinkers. Diese steckte am Bauchgurt fest. Kritisch beäugte Anita die Zäumung. Sie war kein Fan von Ausbindern. Das Pferd wurde damit in eine bestimmte Haltung gezwungen. Der weiße Lederriemen war am Bauchgurt verschnallt und reichte bis zum Gebiss. Waren die Ausbinder zu eng gestellt, baute ein Pferd wegen der fehlgestellten Haltung falsche Muskeln auf. Anita malte sich aus, wie es wäre, wenn man die ganze Zeit das Kinn unnatürlich an die Brust drückte und so in der Gegend herumlaufen müsste. Nicht selten sah sie auf Turnieren Pferde, die stark „hinter der Senkrechten" gingen. Sie hatten den Kopf zu nah an der Brust und konnten sich teilweise sogar in die Brust beißen. Dies nannte man „Rollkur", und sie war zwar verboten, jedoch sah man es immer wieder, vor allem auf Abreiteplätzen bei Turnieren. Anita trainierte ihre Pferde nach klassischen Ansätzen. Ohne Hilfszügel, ohne Zwang, ohne Rollkur und andere Maßnahmen, die einem Pferd schaden konnten. Es war ein längerer Weg zum Ziel, aber es war ein ehrlicherer. Ihre Pferde wurden reell ausgebildet. Die Zeit, die das in Anspruch nahm, holte man später wieder auf, da das Pferd längere Zeit gesund und freudig mitarbeiten konnte.

Der grau gescheckte Tinker lief folgsam im Kreis. Er spulte seine Tricks ab.

„Kommen da nicht noch mehr Pferde?", wunderte sich Anita. In ihrer Erinnerung an frühere Zirkusbesuche tummelten sich immer viele exotische Tiere in der Manege. Die Kinder applaudierten, als das Pferd hinter dem roten Vorhang verschwand und der Clown eine Einlage hatte. Er saß auf einem Hobbyhorse und sprang mit dem Steckenpferd über kleine Hindernisse, die in der Mitte aufgebaut waren. Dabei riss er sein Steckenpferd wild durch die Gegend, um ein Durchgehen zu imitieren. Die Kinder lachten.

Die Zirkusshow verlief ohne weitere Höhepunkte. Es blieb bei den zwei Tiernummern. Die drei Hunde und der Tinker. Keine Spur von einem Pony. Keine Spur von Anitas Pony.

Bevor die Artisten die letzte Einlage präsentierten, erfolgte eine Durchsage über das Mikrofon:

„Liebe Kinder! Gleich im Anschluss findet das lustige Ponyreiten statt! Sichert euch euren Bon für das Ponyreiten! Liebe Eltern! Holen Sie Ihr Ticket für das lustige Ponyreiten bei unserem Artisten ab! Für 2,50 Euro sind Sie dabei! Erst eine Karte kaufen, dann zu den Ponys! Es warten süße kleine Ponys! Also bleiben Sie nach der Vorstellung noch sitzen! Wir bedanken uns für die Aufmerksamkeit! Heute ist unser letzter Abend in Lanz!"

„Wie übertrieben er spricht!" Anita verdrehte die Augen.

Als alle Zirkusartisten die Manege für den Abschiedsapplaus betraten, blieb auch Anita sitzen, um auf das Ponyreiten zu warten. Dies war die letzte Möglichkeit, wenn ihr Pony tatsächlich Teil der Zirkusshow war. Hatte ihre Followerin recht gehabt? Hatte sie wirklich ihre Porzellan gesehen? Die kleine zarte Schimmelstute mit den dunklen Augen?

Wieder öffnete sich der Vorhang, und fünf Ponys betraten die Manege.

# Kapitel 29

# Enttäuschung

„Mooooi!", schrie ein Mädchen in der ersten Reihe verzückt.

Fünf kleine Ponys trotteten in die beleuchtete Zirkusarena. Anita erkannte sofort den Fuchswallach, den sie vor der Show im Vorzelt gesehen hatte. Dahinter trabte eine Rappstute mit schwarz glänzendem Fell. Ihr folgte eine kleine Scheckstute, die die gleichen großen grauen Flecken hatte wie der Tinker aus der Show.

„Eine Mini-Escada!", dachte sich Anita, als das nächste Pony durch den dunklen Eingang in die Manege lief. Das Pony sah aus wie ein geschrumpfter Haflinger. Sein Fell glänzte ganz golden, und es hatte sowohl eine lange weiße Mähne als auch einen buschigen hellen Schweif. Ihm folgte ein dickes braunes Shetlandpony mit schwarzen Beinen. Auch die Mähne und der dichte Schweif waren pechschwarz. Nun waren die Ponys komplett. Jedes Pony wurde von einem Artisten geführt. Zuerst das fuchsfarbene, dann das schwarze, gefolgt vom grau-weiß gescheckten

163

Pony, danach der Mini-Haflinger und das braune Pony. Am Rücken trugen sie dunkle Schabracken, die ihnen viel zu groß waren. Jene Kinder, die ein Ticket fürs Ponyreiten hatten, fanden sich mit leuchtenden Augen in der Mitte der Manege ein. Obwohl die Zirkusvorstellung schlecht besucht war, herrschte jetzt ein ziemliches Gedränge. Die meisten Eltern hatten ihren Kindern den Wunsch nicht abschlagen können. Gemeinsam mit ihren Kindern warteten sie nun auf das Ponyreiten.

Die Ponys standen am äußeren Rand der Manege. Ein Mädchen spielte aufgeregt mit seinen Haaren, und seine Blicke ließen vermuten, dass es sich nicht entscheiden konnte, welches Pony es nehmen sollte.

Die Kinder wurden auf die Ponys gehoben und durch die Manege geführt. Ihre Eltern sahen ihren Sprösslingen mit stolzen Blicken zu, während sich die Kleinen an den Haltegriffen der Bauchgurte festklammerten.

Anita sah dem Treiben in der Manege gedankenverloren zu. Verzweifelt hielt sie Ausschau nach Porzellan. Sie war nicht hier. Charlotte musste sich geirrt haben. Mit gesenktem Kopf verließ Anita ihren Platz auf der Tribüne und schlurfte die Stufen hinab. Enttäuscht ging sie an der Manege mit den Ponys vorbei und bewegte sich Richtung Ausgang. Dabei bemerkte sie nicht, dass eines der Ponys stehen blieb und ihr direkt nachsah ...

# Kapitel 30

# Übersehen

Anita, die normalerweise fröhlich plappernd im Auto saß, mit ihren Freundinnen telefonierte oder Sprachnachrichten und Podcasts hörte, kauerte schweigend hinter dem Lenkrad. Ohne den Blick abzuwenden, starrte sie auf die Straße. Ihre Augen waren schwer, und sie konnte nur mit Mühe ein Gähnen unterdrücken.

Die Stille wurde durch ihren Handyklingelton unterbrochen. Ihr Freund rief an. Über die Freisprechanlage nahm sie den Anruf entgegen.

„Hi."

„Hi, wie war es? Bist du noch dort?"

„Nö."

„Wo bist du?

„Im Auto."

„Und?"

„Ja, nichts."

„Was heißt nichts? War Porzellan nicht da?"

„Nein, war sie nicht."

Ihr Freund schwieg. Er wusste, wie frustriert Anita sein musste, und versuchte sie aufzumuntern: „Ich bin gerade im Stall und habe unsere Pferde geputzt. Lust auf einen Ausritt?"

Obwohl sie von den vielen Eindrücken völlig erschöpft war, stimmte sie sofort zu:

„Gerne! Dann passiert wenigstens irgendetwas Sinnvolles heute."

„Ach, komm, wir finden dein Würmchen schon noch."


Nach einer entspannten Runde mit Jessy, Rubineska und als Handpferde Rubjen und Escada nahm sich Anita Zeit, um Charlotte auf Instagram zu antworten.

„Hey, Charlotte! Danke für deinen Tipp! Ich war heute in Lanz bei der Vorstellung vom Zirkus Pedro und habe dort vergeblich nach meinem Pony Ausschau gehalten. Leider war es nicht dort. Bist du dir ganz sicher, dass du Porzellan im Zirkus gesehen hast? Wenn ja – wo genau? Danke für deine Mühe! Liebe Grüße, Anita."

Sie schickte die Nachricht ab.

Charlotte war auf Instagram nicht online. Anita rechnete nicht mehr damit, dass sie ihr Pony auf diesem Weg finden würde. Trotzdem setzte sie sich an den Laptop und las die Kommentare unter ihren Videos. Danach wechselte sie auf Instagram, um sich die vielen Bilder von Ponys anzusehen, die sie nach wie vor zugeschickt bekam. Anita war dankbar für die Hilfsbereitschaft ihrer Community.

„Es war ein langer Tag. Du kannst auch morgen weitersuchen", sagte ihr Freund, während er ihr über den Rücken strich.

„Vielleicht hast du recht. Ich fühl mich schon, als hätte ich eckige Augen." Anita klappte den Laptop zu. Ganz konnte sie aber nicht davonlassen. Immer wieder ertappte sie sich dabei, wie sie nach ihrem Handy auf dem Nachttisch griff, um kurz die Nachrichten zu checken.

„Schläfst du schon?" Anita wusste zwar die Antwort auf die Frage, stellte sie aber trotzdem.

„Mmmh", brummte ihr Freund, der sich unter die Bettdecke gekuschelt hatte.

Sie knipste die Nachttischlampe aus, hatte aber zehn Minuten später ihr Telefon wieder in der Hand.

Eine neue Instagram-Message von Charlotte! Schnell öffnete sie die Nachricht: „Hallo Anita! Ich bin mir ganz, ganz, ganz sicher, dass dein Pony in dem Zirkus ist! War das helle Pony nicht da?"

Die Handyuhr zeigte kurz nach Mitternacht an. Anita wunderte sich, dass Charlotte noch munter war. Sie antwortete: „Du bist dir wirklich ganz sicher, dass Porzellan dort ist? Ich habe sie echt nicht gesehen! Und das ‚helle Pony‘, wie du schreibst, ist es auch nicht. Das Pony sieht aus wie eine Mini-Escada, nicht wie Porzellan. Warum bist du eigentlich noch wach? :) Liebe Grüße Anita.“

Es dauerte nicht lange, bis sie wieder eine Nachricht auf Instagram hatte. „Hi Anita! Ich meinte mit dem ‚hellen Pony‘ nicht den Miniatur-Haflinger, sondern das grau-weiße Pony! Und ich kann nicht schlafen. Hab morgen Prüfung ...“

„Das grau-weiße Pony?!“, sagte Anita laut. Ihr Freund wälzte sich im Bett auf die andere Seite.

„Oh, entschuldige“, flüsterte sie, als sie bemerkte, wie laut sie gesprochen hatte.

„Macht nichts“, brummte er und rieb sich die Augen, „ich hatte eh gerade einen Albtraum.“

Ohne darauf einzugehen, schrieb Anita auf Instagram weiter: „Das grau-weiße Pony habe ich gesehen, aber Porzellan ist ein Schimmel. Warum bist du so sicher, dass sie es ist?“ Sie hängte noch zwei Fotos ihrer Ponystute an.

Die Antwort folgte prompt: „Ja, ich bin mir wirklich sicher! Am Schluss, während des Ponyreitens habe ich es gesehen. Hast du nicht gesagt, dass dein Pony aus Fohlentagen eine Bissverletzung am Ohr hat? Das grau-weiße hat genau die gleiche Verletzung wie dein Pony. Zumindest hat’s genauso ausgesehen wie in deinem Youtube-Video!“

Anita starrte ihr Handy an.

„Möchtest du gar nicht wissen, was ich geträumt habe?", fragte ihr Freund erstaunt. „Normalerweise ... Warte, was ist das?"

Er setzte sich auf. Anita hielt ihm ihr Handy vors Gesicht. Er las den Nachrichtenverlauf mit Charlotte. Danach fragte er: „Dieses grau-weiße Pony hat die gleiche Verletzung am Ohr wie Porzellan. Aber es sieht doch ganz anders aus. Und es ist kein Schimmel, oder?"

„Nein!" Anita strich sich über ihr Kinn. „Was soll ich tun?"

Ihr Freund schwieg. Seine kleinen Grübelzellen liefen auf Hochtouren.

„Das Problem ist auch", fuhr Anita fort, „dass der Zirkus heute seine letzte Vorstellung hatte."

„Für immer?"

„Nein, in Lanz. Keine Ahnung, wohin sie weiterziehen!"

„Das heißt, wir würden dann wieder ewig suchen, bis wir den Zirkus finden ... Und deine Followerin auf Instagram ist sich wirklich so sicher?", fragte er.

„Ja, und ich bereue es gerade, dass ich nicht näher rangegangen bin, als das Ponyreiten war! Aber ganz ehrlich, die Stute hatte eine andere Farbe. Wie sollte ich da auf die Idee kommen?! Und von Weitem habe ich die Bissverletzung nicht gesehen!"

„Das heißt, heute Nacht wäre unsere letzte Chance", sagte ihr Freund mit ernster Stimme.

„Ich denke schon, ja."

Beide schwiegen. Was sollten sie tun? Keiner der beiden hatte den Mut, es auszusprechen. Auf so eine irrsinnige Idee würden sie doch niemals kommen. Es wäre nicht legal ...

„Wir fahren zum Zirkus", erklärte ihr Freund bestimmt, „und wir nehmen den Pferdeanhänger gleich mit!"

„Jetzt?"

„Ja, oder willst du bis morgen warten, wenn sie schon abgereist sind?", fragte er ironisch.

„Es ist nach Mitternacht!"

„Und?"

„Und wir brechen in den Stall ein?"

„Wir wollen uns nur ‚überzeugen'."

„Achsoooo", sagte Anita mit gekünstelt hoher Stimme, „und wenn wir geschnappt werden, antworte ich: ‚Verzeihen Sie bitte, wir wollten nur kurz nachsehen, ob Sie unser gestohlenes Pony haben!'"

Ihr Freund schüttelte den Kopf. „So weit wird es gar nicht kommen!"

„Ich weiß nicht, ob das eine gute Idee ist", zweifelte sie.

„Wir können jetzt auch das Licht ausmachen, weiterschlafen und den Zirkus einfach weiterziehen lassen."

Anita sah ihn lange an. Sie wunderte sich sehr, dass er sich plötzlich so in die Sache reinsteigerte.

„Ok, dann los." Anita zog die warme Bettdecke zur Seite. „Aber ich möchte an dieser Stelle nochmal anmerken: Ich weiß nicht, ob das so eine gute Idee ist!"

„Ist notiert!", antwortete ihr Freund, der ebenfalls aus dem Bett sprang.

Noch ahnten die beiden nicht, in welch verzwickte Lage sie kommen würden ...

# Kapitel 31

# Risiko

So warm die Sonne auch tagsüber noch schien, umso kälter fühlte sich die Nacht an. Der Herbst kündigte sich bereits deutlich an. Es dauerte ewig, bis es im Auto angenehm warm war. Zähneklappernd dachte Anita an die flauschige Jacke, die in ihrem Kleiderschrank hing. Sie hätte sie mitnehmen sollen! Nach einigen Stunden Fahrt tauchte das Ortsschild Lanz am rechten Straßenrand auf. Das Schild reflektierte hell das Licht des Autoscheinwerfers.

„Dass ich so schnell wieder hierherkomme", murmelte sie, während sie ihrem Freund den Weg zum Zirkus wies. Die knallgelben Richtungspfeile am Straßenrand mit der Aufschrift „Zum Zirkus" waren fast alle abgebaut.

„Am besten, wir parken nicht direkt davor", sagte Anita. „Oh Gott, ich komme mir jetzt schon wie eine Verbrecherin vor! Dass ich überhaupt so denken kann!", ertappte sie sich.

Ihr Freund stellte den Wagen mit dem Pferdeanhänger ein paar hundert Meter vorher ab. Das letzte Stück gingen sie zu Fuß.

Es war totenstill. Ihre Schritte hallten von den Hauswänden wider. Anita versuchte nur auf Zehenspitzen zu gehen, um nicht angrenzende Nachbarn oder gar die Zirkusleute auf sich aufmerksam zu machen. Sie erreichten das Gelände, auf dem das Zirkuszelt stand. So bunt beleuchtet es hier tagsüber gewesen war, umso gruseliger wirkte es jetzt. Es war stockdunkel. Viele Campingwagen waren bereits fort, die Fläche auf dem Rasen war fast leer.

Sie huschten am Zaun vorbei, der am Eingangsbereich aufgestellt war. In Anitas Kopf lief die „Mission Impossible"-Melodie auf Dauerschleife. „Gut, dass wir nichts Helles tragen", dachte sie sich, als sie geduckt und dicht hinter ihrem Freund von Wohnwagen zu Wohnwagen schlich.

„Ich hoffe, es erwischt uns keiner!", flüsterte sie ihrem Freund so leise ins Ohr, dass dabei fast kein Ton zu hören war.

„Bis jetzt haben wir noch nichts Illegales getan", antwortete er, deutlich lauter als Anita, die sofort ihren Zeigefinger an ihren Mund presste.

„Pssst!"

„Wo sind die Pferde?", fragte er, bemüht leise.

„Die haben nur ein Pferd, den Tinker. Die Ponys müssten dort hinten sein!" Sie deutete auf eine dunkle Ecke auf dem großen Platz. Im Licht der Straßenlaternen, die weit entfernt standen, waren nur undeutliche Umrisse zu erkennen. „Dort hinten stehen die Pferdeanhänger!"

So lautlos wie möglich liefen sie an den letzten Wohnwagen vorbei. An einem war – trotz der herbstlich niedrigen Temperaturen – das Fenster gekippt. Ein gleichmäßiges leises Schnarchen war daraus zu hören.

„Dort vorne ist der Stall!", hauchte ihr Freund, so leise wie er nur konnte.

Nur noch wenige Meter trennten sie von dem Zelt, in dem die Ponys untergebracht waren.

Plötzlich ging eine Taschenlampe an. Anita erstarrte. Jemand ging über den Zirkusplatz und leuchtete mit einer Taschenlampe den Boden aus. Anita ging hinter dem Wohnwagen in Deckung.

„Bitte nicht so kurz vorm Ziel!", flehte sie. Auch ihr Freund hatte die Person mit der Taschenlampe gesehen und blieb wie versteinert stehen, um ja kein Geräusch zu verursachen. „Wir müssen in den Stall, egal wie!" Anitas Herz pochte ihr bis zum Hals. Ihre Hände wurden feucht, und sie sah sich um. Angespannt überlegte sie, ob sie es zu den Ponys schaffen konnten, ohne entdeckt zu werden. Auch ihr Freund dachte fieberhaft über einen Ausweg nach. Viele Möglichkeiten hatten sie nicht: Weglaufen oder sich im Stall verstecken und hoffen, dass dort niemand nachsehen würde. Anita fielen einige Horrorfilme ein, die sie gesehen hatte. Jedes Mal griff sie sich an die Stirn, wenn sie sah, wie die Schauspieler im Film immer das taten, was offensichtlich nicht die beste Wahl war. Genauso fühlte sie sich jetzt. Sie wollte ihrem Freund mit einer Geste verdeutlichen, dass sie es wagen sollten. Um seine Aufmerksamkeit zu erhalten, hätte sie normalerweise kurz gepfiffen, gehustet oder ein kleines Steinchen geworfen. Obwohl – was heißt normalerweise? In so einer Situation waren die beiden noch nie gewesen. Da es mucksmäuschenstill war und der Unbekannte mit der Taschenlampe das Gelände abging, wartete Anita, bis sie mit ihrem Freund Blickkontakt hatte. Mit einer Kopfbewegung Richtung Stallzelt deutete sie ihrem Freund, dass sie es jetzt wagen wollte.

„Komplett verrückt eigentlich! Ich weiß nicht einmal, ob es wirklich Porzellan ist!", schoss es ihr durch den Kopf.

Ihr Freund zeigte ihr mit den Fingern einen Countdown. 3 ... 2 ... 1 ... los! Die beiden hechteten in das Stallzelt. Die Plane an der kurzen Seite war geöffnet, damit die Luft in dem kleinen Zelt nicht zu stickig wurde.

„Wohin?", flüsterte Anita panisch.

„Da! Ins Stroh!"

Die fünf kleinen Ponys standen zusammen in einer großen Box und mümmelten friedlich an ihrem Heu. Als die beiden hereinstürmten, hielten sie kurz inne, sahen die zwei an und steckten kurze Zeit später ihre Köpfe wieder unbeeindruckt ins getrocknete Gras. Der grau-weiße Tinker, der nebenan eine separate Box für sich hatte, sah neugierig hinüber. Sie mussten leise sein, da jedes Geräusch außerhalb des Stallzeltes zu hören war. Im Gegensatz zu einem festen gemauerten Stall bestand dieser nur aus einem Gerüst mit Planen. Somit konnte auch der Unbekannte mit der Taschenlampe jedes Wort hören. Anita drückte sich fest ins Stroh. Sie hatte sich direkt neben die Boxentür gelegt und hoffte, dass sie nicht entdeckt wurde. Ihr Freund lag gegenüber hinter einem kleinen Strohballen. Wenn sie nicht gewusst hätte, dass er da war, hätte sie ihn nicht gesehen. Plötzlich spürte sie etwas an ihrer Schulter.

# Kapitel 32

# Farbe

Anita fühlte etwas Warmes. Erschrocken zog sie die Schulter weg. Obwohl sich ihre Augen bereits an die Dunkelheit gewöhnt hatten, erkannte sie nicht sofort, was es war. Gleich darauf aber wurde ihr ins Gesicht geblasen. Eines der Ponys hatte sich direkt zu ihr gestellt und beschnupperte sie neugierig. Am liebsten hätte Anita einen Ton der Verzückung von sich gegeben, sie hielt sich aber zurück. Stattdessen kraulte sie das Pony am Mähnenansatz. Das Tier grummelte sie liebevoll an. Anita konnte nicht anders, als „Oh Gott, bist du süß" zu flüstern. Sofort gab ihr Freund aus seinem Versteck einen warnenden Ton von sich und deutete ihr so, sich ruhig zu verhalten. Still verharrte Anita an ihrem Platz, ließ jedoch nicht von dem Pony ab. Deutlich konnte sie nun jedes einzelne Pony erkennen. Der Mini-Haflinger stand in der Mitte der Box und fraß genüsslich am Heu. Daneben das braune Shetty und die Rappstute. Der Fuchswallach beschnupperte die Stelle, an der ihr Freund versteckt lag. Ausgerechnet das grau-weiße Pony stand ganz nahe bei Anita und ließ sich kraulen. Anita hielt kurz inne und fuhr sich mit dem Daumen über ihre Finger. Das Fell und die Mähne der Kleinen fühlten sich sonderbar an und hinterließen Rückstände an ihrer Hand. Sie nutzte die Gelegenheit, um nach der Verletzung am Ohr zu sehen, von der Charlotte gesprochen hatte. Kurz bevor sie mit der Hand an der Stelle war, sah sie das Licht der Taschenlampe. Ihr Herz klopfte so laut, dass sie befürchtete, man könnte es hören. Sie warf einen letzten Blick zum Versteck ihres Freundes, bevor sie sich im Stroh vergrub. Die Schritte des Unbekannten wurden immer lauter. Er schlurfte durch die Wiese, den Lichtkegel vor sich.

„Machen die immer Kontrollrunden oder haben die uns gehört?", fragte sich Anita, während sie steif am Boden lag. „Ich hätte das Tarnoutfit meines Schwiegervaters anziehen sollen oder den Unsichtbarkeitsumhang von Harry Potter", waren ihre letzten Gedanken, bevor das Licht der Taschen- lampe über die Ponys glitt. Anita hielt den Atem an. Auch von ihrem Freund war nichts zu hören. Ihre Knie zitterten, und sie spannte ihre Beine an, damit sie stillhielten. Der Unbekannte stand direkt vor der Box.

„Was zur Hölle mache ich hier eigentlich?", dachte sich Anita, die noch nie in ihrem Leben etwas Illegales getan hatte. Vielleicht war sie einmal etwas zu motiviert mit dem Auto unterwegs gewesen und hatte sich nicht so ganz an die Geschwindigkeitsvorgaben gehalten. Aber in so einer absur- den Situation wie jetzt hatte sie sich noch nie befunden. Es fühlte sich an, als würden Stunden vergehen. Der Strahl der Taschenlampe wanderte von einem Pony zum nächsten.

Anita wagte es immer noch nicht zu atmen. Zu groß war ihre Angst, entdeckt zu werden. Der Unbekannte wandte sich ab, und Anita bemerkte erleichtert, wie er sich zur nächsten Box bewegte und in die Box des Tinkers leuchtete. Die Gefahr schien gebannt, und sie konnte aufatmen. Die Pferde mümmelten ruhig weiter an ihrem Heu.

Die Schritte wurden leiser. Die Person schien sich in Richtung Ausgang des Stalles zu entfernen.

„Ja! Er geht! Niemand hat uns gesehen!", dachte sich Anita, deren Körper vor Anspannung schmerzte.

Der Lichtkegel strahlte schwankend auf den Grasboden und entfernte sich immer mehr, bis er fast außerhalb des Stalles war

„Gleich ist er weg!", dachte sie. Sie fühlte sich in Sicherheit, bis plötzlich ...

Die Stille wurde durch ein Husten unterbrochen! Es kam aus der Ecke, in der sich ihr Freund versteckt hatte.

In Sekundenschnelle war das Licht der Taschenlampe direkt auf sie gerichtet.

Kapitel 33

# Ansatz bis Spitze

„Jetzt ist alles vorbei! Er hat uns gehört!", schoss es Anita durch den Kopf.

Der Strahl der Taschenlampe wanderte noch einmal durch die Ponybox, in der die beiden versteckt lagen. Der Unbekannte war durch das Husten stutzig geworden, und nun stand er wieder vor den fünf Ponys. Anita drückte sich mit aller Kraft ins Stroh – in der Hoffnung, nicht entdeckt zu werden.

„Er wird mich sicher gleich finden", befürchtete sie, während sie voller Panik das Gesicht verzog.

Was würde dann passieren? Wie würde er reagieren, wenn er sie hier entdeckte? Anita bekam es mit der Angst zu tun.

Die Taschenlampe checkte nochmal alle Ponys ab.

„Luca, du klingst auch immer schlechter", brummte der Mann, als er das fuchsfarbene Pony anleuchtete. Er schüttelte den Kopf und wandte sich ab. Der Unbekannte schlurfte aus dem Stall. Anita konnte ihr Glück kaum fassen. Er dachte doch tatsächlich, das Pony hätte gehustet! Sie wartete noch einen Moment, um ganz sicherzugehen, dass er sich weiter entfernte und nicht zurückkam, bevor sie sich vom Stroh befreite. Auch ihr Freund äugte vorsichtig aus seinem Versteck hervor.

„Ist er weg?" flüsterte er.

„Ja!"

Er zog sich büschelweise Stroh aus seinen Haaren. Das grau-weiße Pony war Anita nicht von der Seite gewichen. Kurzzeitig hatte sie befürchtet, dass damit ihr Versteck auffliegen würde. Aber die Ponystute hatte sich so geschickt hingestellt, dass sie Anita verdeckte.

„Du bist so eine Liebe", entschlüpfte es ihr, und sie fuhr dem Pony durch seine Mähne. Als sie das Fell des Ponys fühlte, stutzte sie.

„Warum ist das so seltsam?", fragte sie sich, als sie das Fell genauer betrachtete. Die kleine Stute hatte sowohl im Gesicht als auch über den ganzen Körper verteilt große graue Flecken.

„Wie eine Kuh, aber in Grauweiß", dachte sie sich.

Anita strich ihr über eine der dunkleren Stellen. Ihr Fell fühlte sich nicht so an wie das ihrer eigenen Pferde.

„Komisch", dachte sie und streichelte zum Vergleich die anderen.

„Was ist los?", flüsterte ihr Freund.

„Ich weiß nicht, aber irgendetwas an der kleinen Maus hier vor mir ist seltsam."

„Was meinst du?"

„Ihr Fell ist so eigenartig", flüsterte Anita.

„Hast du schon geschaut, ob sie die Verletzung am Ohr hat, wie dir deine Followerin geschrieben hat?"

„Ach ja, stimmt!"

Anita wanderte mit ihrer Hand zu den Ohren des Ponys. Dieses schmiegte sich zutraulich an sie.

„Schau sie dir an!", flüsterte Anita verzückt, „du bist so herzig!"

Es schien, als hätte das Pony mit Menschen keine schlechten Erfahrungen gemacht.

Am rechten Ohr konnte sie nichts Ungewöhnliches ertasten. Endlich bekam sie das andere, das linke Ohr, zu fassen, und da fühlte sie es.

„Ja, am linken Ohr ist etwas!",

Sie griff nach ihrem Handy und aktivierte die Taschenlampe. Um nicht den kompletten Stall auszuleuchten, hielt sie mit dem Zeigefinger das grelle Licht zu. Schließlich wusste sie nicht, wo der Mann mit der Taschenlampe steckte. Nur langsam zog sie den Finger ab und ließ damit einen kleinen Strahl durch. Diesen richtete sie auf das Ohr.

„Ja! Oh Gott – ja!", stieß sie aus. Vor lauter Aufregung vergaß sie, sich ruhig zu verhalten.

„Psssst!", ermahnte sie ihr Freund. „Ist es die gleiche Stelle wie bei Porzellan, ist es bei Porzellan auch das linke Ohr?"

„Ja!", hauchte Anita. „Die Stelle ist nur dunkel. Porzellan war ja weiß, bei diesem Pony sind die Ohren grau."

„Schau dir ihr Fell noch einmal genauer an", sagte ihr Freund, der sich nicht aus seinem Versteck bewegte.

Anita leuchtete mit dem Licht ihres Handys auf die grauen Flecken. Mit der Hand strich sie in Wuchsrichtung darüber. Es war nichts Besonderes zu sehen.

„Und?"

„Nichts."

Anita ließ nicht locker und inspizierte die Stelle genauer. Sie hielt ihr Telefon noch näher an das Fell. Mit dem Zeigefinger untersuchte sie den Rücken des Ponys. Als sie die Haare zur Seite schob, bemerkte sie, dass der Ansatz nicht grau, sondern weiß war. Sie wischte mit ihren Fingern das Fell auseinander und beugte sich direkt über das Pony, um es besser sehen zu können. Die kleinen Härchen kitzelten sie in ihrem Gesicht. Die Haut des Mini-Pferdes war nicht dunkel, sondern rosa. Auch an den Stellen, an denen sie graue Flecken hatte.

„Schau dir das mal an! Das ist nicht ganz normal!", flüsterte sie ihrem Freund zu.

Dieser krabbelte auf allen vieren hinter dem Strohballen hervor. Er begutachtete das Fell genauso akribisch wie seine Freundin.

„Das ist wirklich nicht normal!", bestätigte er.

„Kann es sein, dass diese Flecken gefärbt sind?", mutmaßte Anita.

„Bestimmt! Schau mal da!" Er zeigte auf einen der grauen Flecken. Mit gespreizten Fingern wischte er am Fell, wie an einem Handy, wenn er in ein Foto hineinzoomen wollte. Nur die Haarspitzen waren grau, der untere Teil des Felles war ganz weiß. Sie sahen sich auch die Mähne genauer an. Auch diese bestätigte ihre Vermutung. Der Haaransatz war hell, der Rest grau.

„Okay. Moment, ich fasse nochmal zusammen: Wenn ein Fell dunkel ist, dann ist es von der Wurzel bis zur Spitze dunkel, oder?"

„Vergleichen wir es doch mit den anderen Ponys hier!" Ihr Freund wischte der kleinen Rappstute übers Fell.

„Sieh mal", sagte er, als er durch die schwarzen Haare fuhr, „hier ist alles schwarz. Vom Ansatz bis zur Spitze! Das Fell von dem grau-weißen Pony ist gefärbt!"

„Gefärbt", wiederholte Anita ungläubig, während sie das Pony streichelte.

„Das heißt also …", begann sie.

„Das heißt, dass das hier Porzellan ist!"

# Kapitel 34

# Erwacht

Anita starrte ihn an. Ungläubig wanderte ihr Blick zum Pony.

„Bist du dir sicher?", fragte sie, die Augen weit aufgerissen.

„Dafür muss man kein Frisör sein, um das zu erkennen. Die Flecken sind nicht echt. Die müssen gefärbt sein! Außerdem stimmt bei der Bissverletzung am Ohr sowohl die Stelle, die Größe, alles! So etwas gibt es doch kein zweites Mal! Das hier ist Porzellan!"

Anita fuhr sich mit beiden Händen über das Gesicht. Ihre Augen füllten sich mit Tränen. Sie blickte das kleine Pony vor sich an.

„Bist du es wirklich?", fragte sie, als sie mit dem Handrücken über die Stirn des kleinen Pferdchens strich. Das Pony stupste sie an.

„Was wird das hier?" Eine laute Männerstimme tönte durch den Stall. Anita und ihr Freund sprangen erschrocken auf. Die Lampe im Stall ging an. Es war so hell, dass die beiden die Augen zusammenkneifen mussten. Nur langsam gewöhnten sie sich an das Licht. Vor der Boxentür der Ponys stand ein Mann mit hellen Haaren. Es schien, als hätte er bis vor Kurzem noch geschlafen, da sein Shirt unter dem darüber geworfenen Bademantel ziemlich zerknittert war.

„Was macht ihr in meinem Stall?", zischte er bedrohlich.

Anita erstarrte vor Schreck. Sie waren so ins Gespräch vertieft gewesen, dass sie alles rund um sich vergessen hatten – auch, dass sie nicht alleine am Zirkusgelände waren.

„Wer sind Sie?", fragte Anitas Freund frech.

Er hatte sich schneller von dem Schock erholt und stand hoch aufgerichtet neben Anita. Um sie herum die Ponys, die sich nicht vom Fressen abhalten ließen. Anita sah ihn verdutzt an. Ob so eine Rückfrage in einer Situation wie dieser die richtige war?

„Ich bin der Zirkusdirektor! Mir gehört das alles hier!", schnaubte der Mann im Bademantel. „Und ihr seid?"

„Mir gehört das Pony!" Anita hatte ihre Stimme wiedergefunden. „Dieses Pony hier, das Sie gestohlen haben!"

Ohne zu blinzeln und ohne wegzusehen, blickte sie ihm fest in die Augen.

„Haha, was?" Der Zirkusdirektor war außer sich vor Wut. „Das wird ja immer besser! Zuerst brecht ihr in meinen Stall ein und jetzt beschuldigt ihr mich auch noch, dass ich ein Pony gestohlen haben soll?"

Seine Augen wurden ganz klein.

„Ich an eurer Stelle würde hier ganz schnell verschwinden!"

„Tja, das hätten Sie wohl gerne!", hörte sich Anita laut sagen. Die Worte kamen wie von selbst über ihre Lippen, und sie wunderte sich über ihren Mut. Nie zuvor in ihrem Leben war sie auf die Idee gekommen, so mit jemandem zu sprechen.

„Das mit dem Pony kann nur eine Verwechslung sein", versuchte er sie zu beschwichtigen, als er merkte, dass sich Anita nicht einschüchtern ließ.

„Nein, das glaube ich nicht", meldete sich ihr Freund zu Wort.

„Ach ja?" Der Direktor zog eine Augenbraue hoch.

„Das Pony meiner Freundin ist eine Schimmelstute und hat eine Verletzung am Ohr aus Fohlentagen. Dieses Pony hier vor uns", Anitas Freund deutete auf das grau-weiße Pony, „hat die identische Verletzung genau an derselben Stelle!"

„Ja, das mag schon sein, aber hast du nicht gerade von einer Schimmelstute gesprochen?"

„Ja, ihr gehört die Schimmelstute."

„Ich sehe hier aber keine Schimmelstute", sagte der Direktor voller Hohn.

„Ach, bitte tun Sie doch nicht so!" Anita verdrehte die Augen.

„Das ist doch offensichtlich!", sagte ihr Freund und deutete auf die grauen Flecken am Ponyfell. „Wenn Sie das nächste Mal bei einem Tier das Fell färben sollten, dann machen Sie es bitte ordentlich!", riet er ihm ironisch.

Der Zirkusdirektor presste seine Lippen fest zusammen.

„Einfach nur graue Flecken draufzumalen! Haben Sie wirklich geglaubt, wir checken das nicht?", fragte Anita.

„Wer gibt euch eigentlich die Erlaubnis, hier zu sein?", fragte er wütend. Sein Kopf war rot angelaufen.

„Wer gibt Ihnen die Erlaubnis, mein Pony zu stehlen?", konterte Anita.

„Das wird mir langsam alles zu blöd. Ich hole die Polizei, wenn ihr nicht sofort verschwindet!"

„Oh, die Polizei ...!", Anita zwinkerte ihrem Freund zu.

„Ja, bitte! Rufen Sie die Polizei! Wir wollen den Diebstahl des Ponys melden!", sagte sie.

„Die am Revier werden sich freuen, wenn wir ihnen endlich den Dieb des Ponys präsentieren", legte ihr Freund nach.

„Stimmt", bestätigte sie, „und Ihre beiden Helfer würden sicher auch als Zeugen aussagen."

Der Zirkusdirektor wurde blass, er biss sich auf die Unterlippe und stürmte aus dem Stall.

Anita und ihr Freund sahen sich an. Sie rechneten damit, dass sie ihn gleich lauthals telefonieren hören würden.

Aber es blieb still.

„Vielleicht ist er zum Telefonieren in seinen Wohnwagen gegangen", mutmaßte Anita.

Sie verharrten weiter in der Ponybox. Porzellan, mit dem gefärbten Fell, stupste sie an, als wollte sie darauf aufmerksam machen, dass sie gekrault werden wollte.

„Die Polizei braucht aber ganz schön lange", sagte ihr Freund, während er auf seinem Handy die Zeit kontrollierte.

Vorsichtig verließen die beiden die Box und gingen den kleinen Stallgang entlang Richtung Ausgang. Das Gelände des Zirkus war unverändert. Erst jetzt merkten die beiden, wie warm es bei den Ponys im Stroh gewesen war. Die Kälte der Nacht schlug ihnen ins Gesicht. Wo war der Zirkusdirektor? Wo war die Polizei? Nur der Mondes erhellte den Platz, und sie sahen ein kleines schwaches Licht an einem der Campingwagen. Davor hockte ein Mann. Seinen Kopf vergrub er in den Händen. Sein blondes schütteres Haar stand zerzaust in alle Richtungen ab. Die beiden gingen näher ran.

Es war der Zirkusdirektor.

# Kapitel 35

# Kartenhaus

Die Wut in seinem Gesicht war verschwunden und tiefer Verzweiflung gewichen. Mit rot unterlaufenen Augen sah er Anita und ihren Freund an. Vor Schreck machte sie einen Schritt zurück.

„Ich weiß nicht, was ich machen soll", schluchzte er. Nichts war mehr von seinem selbstsicheren Auftreten übrig geblieben. Seine Augen füllten sich mit Tränen.

„Ich wusste, irgendwann würde es einmal so weit sein", sagte er mit weinerlicher Stimme, „aber ausgerechnet jetzt?"

Verwirrt blickte Anita ihren Freund an. Er war genauso ratlos wie sie. Sie wagten nicht nachzufragen.

„Alles, was ich ..., alles, was mein Vater ...", der Zirkusdirektor zögerte, „alles, was er aufgebaut hat ... Alles aus!" Er starrte ins Leere.

„Mein Lebenswerk ... sein Lebenswerk ..."

Die Pausen, die er machte, kamen ihnen unangenehm lang vor.

„Es ist vorbei!"

Anita fasste sich ein Herz und fragte vorsichtig: „Was ist los?"

Der Zirkusdirektor zögerte. Er blickte zu Boden. „Ich muss den Zirkus zusperren."

Sie dachte an die Worte des Artisten Mattheo. Laut seiner Auskunft hatte der Zirkus große Geldprobleme. Sie erinnerte sich an die zwielichtigen Leute, denen der Direktor angeblich viel Geld schuldete.

„Warum haben Sie sich keine Hilfe gesucht?", fragte ihn Anitas Freund.

„Ich kann mir keine Hilfe leisten." Er wischte sich über sein Gesicht. „Ich ... ich dachte, ich bekäme das alleine hin. Aber das war wohl ein Irrtum ..." Er raffte sich schwerfällig auf. „Auch ein kleiner Zirkus hat enorme Spesen, die jedes Jahr steigen, und die Kosten können nicht mehr durch die Eintrittspreise gedeckt werden, wenn das Publikum ausbleibt. Warum auch immer. Manchmal sind andere oder größere Zirkusse in der Nähe, dann ist es zu heiß oder zu kalt, die Leute sind auf Urlaub ...""

Er schnäuzte sich und klagte: „Man unterschätzt den Aufwand, der nötig ist, um mit einem Zirkus von Ort zu Ort zu ziehen. Angefangen vom Zelt, den Werbekosten, dem Personal, dann die ganze Technik, immer irgendwelche Reparaturen, die Ausgaben für den Fuhrpark, Versicherungen, Behörden, Steuern und, und, und ..." Er schritt in Richtung seines Campingwagens.

„Ich habe mir Geld geliehen. Das war ein Fehler."

„Was tischen Sie uns da für eine Geschichte auf?", fragte ihr Freund ungläubig. „Solche Storys sollen wir einem Dieb glauben?"

„Nichts davon habe ich erfunden, das ist alles wahr", verteidigte sich der Direktor.

Er stieg die zwei Stufen zu seinen Wohnwagen hinauf. Anita und ihr Freund blieben davorstehen. Sie hörten, wie er drinnen Schubladen öffnete und darin herumkramte. Kurze Zeit später kam er bepackt mit einigen Fotoalben und Zeitungen wieder heraus. Die beiden sahen sich ratlos an. Er setzte sich auf den Boden und schlug ein Fotoalbum auf.

„Das war mein Vater. Er hat den Zirkus übernommen. Von seinem Vater. Meinem Großvater." Er zeigte auf einzelne Schwarzweißfotos.

„Und das waren unsere Pferde und Ponys." Anita beugte sich über das Album, um die Bilder besser zu sehen.

„Wir hatten immer schon Pferde. Ich weiß noch, wie mein Vater nach jeder Ponynummer tosenden Applaus bekommen hat. Die Leute jubelten ihm zu. Es gab jedes Mal Standing Ovations." Er verschränkte seine Arme vor der Brust.

„Genau das …", stammelte er, „das wollte ich auch schaffen. Mein Vater ist so früh gestorben. Und ich … mit achtzehn … als junger Zirkusdirektor. Es war nicht leicht. Ich dachte, ich könnte alles retten. So wie mein Vater. Eine Ponynummer mit Pferden, und die Menge tobt", sagte er betrübt.

Anita sah ihn voller Mitleid an. Wie er in diesem erbärmlichen Zustand am Boden kauerte.

„Das war meine letzte Hoffnung. Damit wollte ich uns retten", schluchzte er.

„Mit dem Pony?", fragte Anitas Freund.

Der Zirkusdirektor zog seinen Bademantel zu und blickte zu Boden.

„Ja, das Geld war knapp, und wir haben zu wenige Tiere in der Show. Aber die ziehen beim Publikum am besten."

Anita dachte an die Vorstellung mit den drei ungezogenen Hunden zurück. Wie sie wild bellend durch die Manege liefen. Sie erinnerte sich auch daran, dass nur ein einziges Pferd in der Manege aufgetreten war und sie sich darüber gewundert hatte. Waren bei den Zirkusshows, die sie als Kind gesehen hatte, nicht mehrere und außergewöhnlichere Tiernummern gewesen?

Als hätte er ihre Gedanken gelesen, fuhr er fort: „Der Gesetzgeber hat entschieden, dass keine Wildtiere und keine Reptilien im Zirkus gezeigt werden dürfen. Aber die hatten wir auch nicht. Hauptsächlich Pferde und Ponys."
Er zeigte auf einen alten vergilbten Zeitungsartikel.

„Das war die beliebteste Einlage", sagte der Zirkusdirektor. Auf dem Foto war ein mächtiges geschecktes Pferd zu sehen, wie es neben einem kleinen Scheckpony galoppierte.

„Vaters Lieblinge", sagte er melancholisch.

„Das Pony sieht ja aus wie meines – nur mit Flecken!", stieß Anita hervor.

## Kapitel 36

# Vaters Lieblinge

„Das war eigentlich der Plan", der Zirkusdirektor sah sie an. „Der grau-weiße Tinker und das Pony mit den identischen Flecken ..." Er zögerte, bevor er fortfuhr. „Diese Show ... Mein Vater hat darauf geschworen ..." Er bekam kaum Luft, so sehr quälten ihn die folgenden Worte: „Ich ... ich dachte, damit könnte ich uns aus den Schulden holen."

Anita sah auf dieses zitternde Häufchen Elend. Der Zirkusdirektor kauerte vor seinem Wohnwagen, an dessen Tür ein Schild hing, das in schwungvoller Schrift seinen Namen „Ludwig Chiocetti" zeigte. Er stand vor dem Nichts, seinem persönlichen Ruin. Gebrochen blickte er ins Leere. Seine wenigen blonden Haare standen zerzaust ab.

„Das kann es nicht gewesen sein", wimmerte er leise.

Obwohl Anita so wütend auf ihn war, konnte sie nicht anders, als ihn zu bemitleiden. Er schluchzte laut auf.

Ihr Freund fragte weiter: „Sie haben zu dem grau-weißen Tinker ein passendes Pony gesucht, nicht wahr?"

Der Direktor sah ihn hilfesuchend an.

„Ja."

„Und dann haben Sie unser Schimmelpony gesehen?"

„Ja."

„Und die Flecken gefärbt. Damit es so aussieht wie der Tinker?", kombinierte er.

„Ja."

Er schluckte und sah zu Boden. Nach einer Weile sagte er: „Es tut mir leid."

Anita blickte ihren Freund an. Einerseits war sie zornig, da der Zirkusdirektor ihr Pony gestohlen hatte, andererseits empfand sie angesichts seines Kummers tiefes Mitgefühl für ihn. Sie ergriff die Hand ihres Freundes. Bevor sie zu sprechen begann, drückte sie diese fest. Sie hatte eine Entscheidung getroffen.

# Kapitel 37

# Angebot

Anita biss sich auf die Unterlippe. Es war eine Achterbahn der Gefühle. Unsicher, ob sie das Richtige tat, sagte sie: „Es tut mir so leid, was Ihnen alles passiert ist. Aber für uns war es auch nicht gerade leicht. Was wir durchgemacht haben, wünsche ich auch niemandem! Die ganze Angst, die Sorgen, die Ungewissheit …"

Anita ballte ihre Fäuste. „Wenn man nicht weiß, was mit dem eigenen Tier los ist, ob es ihm gut geht, ob es gut behandelt wird."

Sie zögerte, bevor sie weitersprach: „Ob das Pony überhaupt noch lebt!"

Ihr Freund legte seine Hand unterstützend auf ihren Rücken.

Er richtete das Wort an den Zirkusdirektor: „Ihre missliche Lage rechtfertigt es nicht, ein Pony zu stehlen!"

„Ich hatte die schlimmsten Vorstellungen", fuhr Anita fort, „diese Ungewissheit, was mit meinem Pony passiert ist ... einfach furchtbar ... Es hat mich innerlich aufgefressen."

„Auch die fürchterliche Situation hier im Stall", fügte ihr Freund noch hinzu, dem der Schreck noch in den Gliedern saß.

„Ich hatte wirklich Angst! So etwas habe ich noch nie zuvor gefühlt!", erinnerte sich auch Anita. Sie dachte an die Schrecksekunden zurück, als der Unbekannte mit der Taschenlampe auf dem Zirkusgelände herumgegangen war, und an den Moment, als sie der Direktor im Stall entdeckt hatte.

„Ich denke nicht, dass Ihr Vater das gewollt hätte. Er hätte sicher nicht gutgeheißen, dass Sie zum Dieb werden", sagte Anitas Freund. „Dass Sie so einen Weg einschlagen, um in seine Fußstapfen zu treten ..."

Der Zirkusdirektor wagte nicht, ihm in die Augen zu sehen.

„Ich kann Ihre Beweggründe ja nachvollziehen", sagte Anita, „man möchte immer, dass die Eltern stolz auf einen sind!"

Nur langsam hob Ludwig Chiocetti seinen Kopf und sah sie vorsichtig an.

„Sie haben aus Verzweiflung gehandelt, und Verzweiflung bringt Menschen oft in schlimme Situationen", sagte sie.

Er wischte sich die Haare aus dem Gesicht.

„Ich denke, dass jeder Mensch eine zweite Chance verdient hat", fuhr sie fort.

Ihr Freund drehte sich zu ihr und flüsterte: „Aber er ist immer noch ein Dieb! Vergiss nicht: Er hat Porzellan gestohlen! Wir sollten die Polizei rufen!"

„Schau ihn dir doch an. Tut er dir nicht leid?", fragte sie ihn. Er sah sie skeptisch an.

„Es muss nicht alles mit einer Strafe enden", sagte sie, „vielleicht kann er es auch auf einem anderen Weg wiedergutmachen?"

Der Zirkusdirektor blickte auf, und für den Bruchteil einer Sekunde sah Anita jenes Strahlen in seinen Augen, das er auf den Bildern in dem Fotoalbum als junger Direktor hatte. Für einen Moment verschwand die Verbitterung aus seinem Gesicht, und es war, als stünde wieder der junge, motivierte Artist, der sein Leben dem Zirkus widmete, direkt vor ihnen.

„Danke", hauchte er mit zittriger Stimme.

Sein Schicksal tat ihr unfassbar leid. Sie blickte ihrem Freund in die Augen, lächelte und nickte, um ihm zu signalisieren, dass sie einen Plan hatte.

„Es ist wirklich sehr, sehr traurig, wie alles gekommen ist", begann sie, „aber ich bin froh, dass dabei nichts Schlimmeres passiert ist und wir das Pony wieder haben." Sie ging einen Schritt auf den Zirkusdirektor zu. Er kauerte auf dem Boden und sie hockte sich vor ihn.

„Ich möchte Ihnen helfen", sagte Anita leise.

Überrascht sah er sie an.

„Sie müssen raus aus den Schulden, und ich habe einen Plan, wie wir das schaffen."

Verwundert sah sie nun auch ihr Freund an.

# Kapitel 38

# Letztes Mal

„Wir müssen Geld auftreiben, damit Sie diesen zwielichtigen Leuten Ihre Schulden zurückzahlen können", fuhr sie fort. „Geld bekommt man durch Arbeit, und an die machen wir uns jetzt alle!"

Sie sah in zwei Gesichter mit großen Fragezeichen.

„Wie hoch sind Ihre Schulden?", fragte sie den Direktor.

Er zögerte und hüstelte in seine Faust.

„In den besten Zeiten meines Zirkus hätten wir das an einem Abend wieder reingespielt", antwortete er.

„Wir helfen Ihnen, aus den Schulden rauszukommen!", redete sie auf den Zirkusdirektor ein.

„Danke, aber ... es tut mir leid, wenn ich das so sage ... es ist aussichtslos."

Er ließ die Schultern hängen.

„Ach was, warum denken Sie das?"

„Ja, wie soll das gehen? Wie soll ich das schaffen? Ich bin jetzt schon am Limit!", sagte er verzweifelt und fuhr sich durch die Haare.

„Ich schlage vor, wir machen eine letzte große Show in Ihrem Zirkus", begann Anita euphorisch.

„Aber das bringt doch nichts, damit kann ich die Schulden auch nicht abzahlen."

„Warten Sie mal! Lassen Sie mich kurz ausreden!"

Er wollte weitersprechen, machte dann aber den Mund zu.

„Sie machen das nicht alleine, wir werden Sie unterstützen. Alle zusammen werden wir es schaffen", motivierte ihn Anita.

Ihr Freund nickte.

„Ich werde einen Aufruf auf meinem Youtube-Kanal starten", sprudelte es aus Anita heraus, „ein Video filmen, schneiden, hochladen und meine Community um Hilfe bitten!"

Sobald sie sich etwas in den Kopf gesetzt hatte, war sie zu zweihundert Prozent dabei. Nichts konnte sie abhalten. Wenn sie von etwas überzeugt war, zog sie es durch.

„Durch meine Follower bin ich ja auch hier gelandet! Ich habe mein Pony wiedergefunden! Ohne meine Youtube-Zuschauer wäre das nicht möglich gewesen. Gemeinsam ist man stark, und ich bin mir sicher, dass wir das hinkriegen!"

Während der Zirkusdirektor noch skeptisch war, ließ sich ihr Freund schnell begeistern.

„Es darf aber keine normale Zirkusshow sein. Für diese eine letzte Vorführung brauchen wir etwas anderes! Etwas Besonderes! Etwas, was es noch nicht gegeben hat! Anita! Möchtest du nicht im Zirkus auftreten mit deinen Pferden?", fragte er.

„Ich soll eine Nummer mit meinen Pferden vorführen? Haha! So etwas hab ich noch nie gemacht!"

Der Direktor lauschte den beiden, blieb ruhig und runzelte die Stirn.

„Wenn ich mit meinen Pferden in der Manege bin, wird das zu tausend Prozent ein Fail!", lachte Anita und dachte an ihre verfressene, pummelige Haflingerstute Escada, wie sie bei der Siegerehrung des Geschicklichkeitsturniers in Stassing den Kopf in den Geschenkkorb stecken wollte.

„Ah, das geht schon! Du willst ja bestimmt keine typische Zirkusnummer machen!", antwortete er.

Vor Anitas Augen erschienen eng ausgebundene Pferde, die sich fast in die Brust beißen konnten. Mit Zirkuspferden assoziierte sie auch Glitzerriemen, Federn an den Köpfen und immer nur im Kreis laufende Tiere.

„Stimmt, so etwas möchte ich tatsächlich nicht!", sagte sie.

„Versuche eine Zirkusshow neu für dich zu interpretieren, auf deine eigene Art und Weise, mit deinen Pferden, genau so, wie du es für gut empfindest!", riet er ihr.

Sie nickte.

„Na, das kann aber was werden", sagte sie, während sie schief grinste. Anita malte sich eine chaotische Darbietung aus: ihre vier Pferde, das Pony und sie völlig planlos in der Mitte. In diesem Moment empfand sie große Sehnsucht nach ihrer Pferde-Truppe.

Von Seiten des Zirkusdirektors blieb es still. Er saß weiterhin mit verschränkten Armen auf dem Boden vor seinem Wohnwagen.

„Was sagen Sie dazu?", fragte Anita den Direktor.

„Ich weiß nicht ...", murmelte er, „ich bezweifle, dass daraus etwas wird."

„Vertrauen Sie uns! Vertrauen Sie meiner Community! Vertrauen Sie mir!", versicherte ihm Anita.

„Was ist das mit eurem Youtube-Ding? Was soll das sein? Kommen da wirklich Leute?", fragte er skeptisch. Er traute der ganzen Sache nicht.

„Bestimmt! Da bin ich zuversichtlich!", bestätigte auch ihr Freund. „Außerdem, was haben Sie zu verlieren? Was soll schon sein?"

Gedankenverloren begann Ludwig Chiocetti leicht zu nicken.

„Ich bin dafür, dass Sie eine Nacht darüber schlafen", riet ihm Anita.

„Was ich noch wissen möchte, bevor wir gehen: Wie lange dürfen Sie das Zelt noch hier stehen lassen?", fragte ihr Freund nach.

„Zwei Wochen."

„Okay, dann sollten wir den Termin für die letzte Vorstellung fixieren. Heute in zwei Wochen."

„Dann sind Sie die Schulden los!", strahlte ihn Anita an.

„Ob das wirklich so einfach wird, wie ihr euch das vorstellt", zweifelte er. „Ja, und was ist dann? Wenn das die allerletzte Show wird, was mache ich dann ohne Zirkus?"

Es tat Anita leid, ihn so ohne Perspektiven zu sehen.

„Vielleicht ist es jetzt an der Zeit, etwas Neues anzufangen. Jedes Ende kann auch ein Neubeginn sein", sagte ihr Freund. „Ein Zirkus mit Tieren ist heute nicht mehr zeitgemäß. Sie könnten Ihr Tierwissen und Ihr Können auch anderswo einsetzen. Es gibt noch so viele Möglichkeiten!", fuhr er fort.

„Ja, das stimmt!", sagte Anita, „ich kenne den Besitzer eines Gestüts, der händeringend nach guten, erfahrenen und verlässlichen Leuten sucht! Das ist ein ganz besonderer Stall. Dort werden ausrangierte Turnierpferde aufgepäppelt, wie zum Beispiel Springpferde, die vor Hindernissen stoppen und den Sprung verweigern. Nach einer schonenden Korrektur können sie ohne Probleme sogar einen

Hindernisparcours mit Halsring bewältigten! Das wäre doch etwas für Sie!"

„Vielleicht ist das dann auch Ihre Chance, Ihr Fehlverhalten wiedergutzumachen", ermutigte ihn ihr Freund.

„Das ist auf jeden Fall gut fürs Karma und wäre gut für Sie! Das macht Ihnen bestimmt Freude", bestätigte Anita.

„Okay, das wird langsam ein bisschen viel", sagte der Direktor überfordert.

„Denken Sie darüber nach!", sagte sie. „Erstmal helfen wir Ihnen bei Ihrer letzten Show, damit Sie die Schulden begleichen können, und danach finden Sie vielleicht auch einen neuen Job!"

Die drei tauschten Telefonnummern aus und verabschiedeten sich. Anita und ihr Freund holten Porzellan aus der Box und brachten das Pony zu ihrem Auto.

„Dass wir sie wirklich finden und mit nach Hause nehmen würden, hätte ich nie gedacht!", sagte sie, während sie das Pony auf die Rampe des Pferdeanhängers führte.

„Und super, dass du so geistesgegenwärtig warst und daran gedacht hast, gleich den Transporter mitzunehmen!", lobte sie ihren Freund.

Artig stieg die kleine Ponystute mit Anita in den Anhänger. Die Fahrt verlief ruhig. Beide waren zu erschöpft nach diesem langen Tag. Zu viele Eindrücke, zu wenig Schlaf. Daran war vorerst aber immer noch nicht zu denken, da die beiden mitten in der Nacht im Stall ankamen, wo sie von Rubielle freudig wiehernd empfangen wurden.

„Pssst, Rubielle!", flüsterte Anita, „du weckst hier noch alle auf!"

Sie führte ihr Pony zum ersten Mal in den Stall, wo ihre anderen Pferde untergebracht waren. Die Box, die sie sofort nach der Verlosung für sie reserviert hatte, stand nach wie vor frei. Porzellan beschnupperte kurz ihr neues Zuhause, bevor sie ihren Kopf tief in das Heu steckte. Anita kontrollierte den Wassereimer und versorgte ihr Pony.

„Jetzt bist du endlich bei uns, Porzellinchen!"

Sanft strich sie über ihre Mähne.

Zuhause angekommen, fiel ihr Freund innerhalb weniger Minuten in einen tiefen Schlaf. Obwohl Anitas Augen vor Müdigkeit tränten, beschäftigten sie noch einige Fragen.

Würden wirklich genug Zuschauer zur geplanten Zirkusshow kommen und den Direktor aus seinen Schulden holen?

Würde der Direktor Wort halten und nicht wieder mit seinem Zirkus und den restlichen Artisten verschwinden, wie er es sonst gerne tat? Würden die zwielichtigen Leuten, denen er Geld schuldete, das Geld annehmen und ihn in Ruhe lassen? Kurz bevor die Sonne wieder aufging, schlief Anita endlich ein.

# Kapitel 39

# Realtalk

Ein Klappern aus der Küche weckte Anita auf, und sie rieb sich verschlafen die Augen. Wie immer versuchte sie zu erraten, wie lange sie geschlafen hatte – noch bevor sie mit einem Blick auf ihr Handy die Uhrzeit checkte.

„Ist das gestern alles wirklich passiert oder war es doch nur ein Traum?", fragte sie sich, als plötzlich ihr Freund mit einem Tablett das Schlafzimmer betrat. Es roch nach frisch aufgebackenen Brötchen und Kakao.

„Oh, Frühstück ans Bett!", sagte sie überrascht. Ihre Stimme klang so tief wie die eines Mannes.

„Man merkt und hört an deiner Stimme, dass du bis jetzt geschlafen hast", grinste ihr Freund. „Es ist schon elf Uhr!"

Nach dem Frühstück platzierte Anita ihre Lichtboxen, das Stativ und ihre Kamera in ihrem Zimmer und setzte sich davor. Die Softboxen ließen ihr müdes Gesicht viel strahlender aussehen. Kurz vor der Aufnahme überprüfte sie noch die Geräte und betätigte den roten Aufnahme-Knopf. Sie legte los.

„Hallöchen, ich bin's Anita, vom Channel Anita Girlietainment, und in diesem Video erzähle ich dir, wie ich mein Pony Porzellan wiederbekommen habe und wie wir gemeinsam noch etwas Gutes tun können! Bleib bis zum Ende dran, ich werde dir alles ganz genau schildern!"

In diesem Realtalk-Video ließ Anita kein Detail aus und berichtete, was sie in der Nacht zuvor erlebt hatten. Sie gab auch zu, dass es sich eigentlich verrückt anhörte, wenn man dem Dieb des eigenen Ponys helfen wollte. Sie erklärte alle Umstände des Zirkusdirektors, und wie es zu seiner Verzweiflungstat gekommen war.

Sie beendete die Aufnahme mit den Worten: „Er tat mir einfach unfassbar leid. Wie er da saß, sein Zirkus vor dem Ruin … Manche Menschen verdienen eine zweite Chance, und ich hoffe, wir schaffen es und können ihn unterstützen! Ich trete mit all meinen Pferden in seinem Zirkus auf, in der allerletzten Show. Keine Ahnung, wie crazy das wird, aber ich bin dabei und danach würde ich mich mega freuen, wenn wir uns noch alle sehen und gemeinsam Erinnerungsfotos machen würden! Der Ticketverkauf startet ab sofort! Mein Freund und ich werden alles organisieren, also melde dich gerne bei uns, wenn du die Show sehen willst und damit auch etwas Gutes tun kannst! Vielen Dank fürs Zusehen! Ich verlinke dir noch zwei weitere Videos, gleich weiterklicken, kostenlos abonnieren nicht vergessen, Glocke aktivieren wäre super nice und bis bald! Tschüssi!"

Anita drückte wieder auf den roten Record-Knopf an ihrer Kamera und stoppte damit die Videoaufnahme. Sie setzte sich unverzüglich an ihren Laptop und spielte die Dateien von ihrer Filmkamera herunter. Nach einiger Zeit hatte sie das Video fertig geschnitten und lud es sofort auf Youtube hoch. Gebannt wartete sie auf die ersten Ticket-bestellungen für die letzte Show des Zirkus Pedro. Darauf musste sie auch nicht lange warten, und nur wenige Minu-ten später waren alle Eintrittskarten ausverkauft.

„AUSVERKAUFT?!", schrie der Zirkusdirektor laut ins Handy, als hätte er Anita nicht richtig verstanden.

„Ja, und das nach ein paar Minuten!" Anita war über-glücklich. Sie wusste, sie konnte sich auf ihre Community einfach immer verlassen.

„Ich muss mich mal setzen", schnaufte Ludwig Chiocetti, „das kann doch nicht wahr sein!"

„Doch, ist es!", ihr Strahlen war durch das Telefon zu hören.

„Also, dass so etwas noch passieren kann ...", wunderte er sich.

„Wir sehen uns also in zwei Wochen! Ich freu mich!"

Anita legte auf und ließ den Zirkusdirektor völlig ver-dutzt zurück. Er rieb sich am Kopf und konnte es nicht fassen.

Sie machte sich indes gleich an die Arbeit und schrieb sich zu jedem ihrer Pferde die Dinge auf, die es besonders gut beherrschte. „Was kann Escada am besten?", grübelte sie, während sie ein leeres Blatt Papier zum Brainstormen vor sich hinlegte. „Ah – ja klar! FRESSEN!"

Sie grinste und sammelte alle Gedanken, um daraus eine Shownummer zu planen. Anitas Schwester und auch ihre Trainerin boten ihre Hilfe an und sogar die Züchterin des kleinen Ponys, Silvia Harreiter, rief an, nachdem sie das Youtube-Video gesehen hatte.


Die Tage vergingen und Anita übte fleißig mit ihrer kleinen Pferdeherde. Jeden Nachmittag, nach ihrer Arbeit, verbrachte sie viel Zeit im Stall und im Round-Pen. Das Pony Porzellan hatte sich in der Gruppe inzwischen wunderbar eingegliedert und wurde von Escada, Rubineska, Rubjen und Rubielle akzeptiert. Anita war überglücklich, dass sie sich alle so gut verstanden und Freunde geworden waren. Nur bei einer Sache wich ihr Strahlen aus dem Gesicht. Es gab etwas, was sie doch sehr beschäftigte und an das sie ungerne dachte ...

# Kapitel 40

# Show

Anita quälte der Gedanke zu versagen. Noch nie war sie mit ihren Pferden aufgetreten. Ob alles gut gehen würde? Auf Turnieren hatten sie ihre Pferde nie im Stich gelassen, aber bei so einer Vorstellung? Mit einem mulmigen Gefühl packte sie die Reitsachen in den Pferdetransporter. Sie hatte ihre Pferde gut vorbereitet. Die letzte Übung im Round-Pen hatte gut funktioniert, und über eine Stereoanlage hatte sie sogar laut Applaus abgespielt, um ihre Pferde an das ungewohnte Geräusch zu gewöhnen.

„Leckerlis dabei?", fragte ihre Schwester, während sie die Transportgamaschen bereitlegte.

„Haha, klar!"

„Wann fahren wir heute los?"

„Gegen zehn Uhr."

„Alles okay, Anita?"

„Geht so, bin etwas aufgeregt."

Ihre Schwester musterte sie. Anita war auffällig ruhig. Das bedeutete entweder, dass sie sich sehr konzentrierte, ziemlich aufgeregt oder auf jemanden böse war.

Sie fuhren mehrere Stunden vor dem Auftritt mit Escada, Rubineska, Rubjen, Rubielle und Porzellan nach Lanz zum Zirkus. Noch nie war sie mit all ihren Pferden gleichzeitig unterwegs gewesen. Sie war dankbar für die Hilfe ihres Freundes, ihrer Schwester und der Trainerin. Damit sich die Pferde akklimatisieren und an die ungewohnte Umgebung gewöhnen konnten, führten sie diese am Zirkusgelände umher. Der Direktor hatte Wort gehalten und öffnete wie ausgemacht sein Zelt für diese letzte Show. Über die Vorstellung selbst hatten sie sich kaum abgesprochen. Ausgemacht war nur, dass Anita mit ihren Pferden die Abschlussnummer bildete.

„Anita, schau, da stellen sich schon die ersten Leute an!", rief ihre Schwester.

„Wo?"

„Direkt vor der Kassa! Die holen ihre vorbestellten Tickets ab! Geh dort mal hin, das lenkt dich sicher ab!"

Ein kurzes Lächeln huschte über Anitas Gesicht, als sie die kleine Menschenschlange erblickte und auf diese zuging.

Die Vorstellung begann. Dort, wo Anita einige Wochen zuvor mit nur wenigen anderen Zuschauern auf der Tribüne gesessen war, quetschten sich jetzt hunderte Gäste nebeneinander, um die letzte Aufführung des Zirkus zu verfolgen.

„Herzlich willkommen bei uns im Zirkus Pedro!", mit diesen Worten eröffnete der Zirkusdirektor die Manege zum letzten Mal. Dann wechselte er schnell von seiner überschwänglichen, aufgesetzten Sprechweise zu einem ernsteren Ton. „Das ist heute keine normale Show. Vielen Dank, dass Sie so zahlreich erschienen sind!" Er war sichtlich berührt und tat sich schwer. Emotionale Worte waren nicht seine Stärke. Aber sein Zirkus und dieser Abend bedeuteten ihm viel – und das spürten alle im Zuschauerraum.

„Ich bedaure es sehr, aber es ist heute das letzte Mal, dass ich hier durch diesen Vorhang in die Manege trete. Auch das letzte Mal, dass ich diese großartigen Artisten ankündigen darf!"
Die ersten Artisten jonglierten mit Keulen und Bällen, während der Clown im weißen Shirt und mit einer großen, roten Nase tollpatschig durch die Manege stolperte. Anita stand nervös backstage hinter dem roten Vorhang. Vorsichtig lugte sie durch einen Schlitz und erkannte mitten im Publikum Silvia Harreiter, die Züchterin ihrer Ponystute Porzellan. Unweit von ihr saß Paul, und etwas weiter rechts hatte sich Mattheo niedergelassen. Für Anita verging die Zeit viel zu schnell. Ein Artist nach dem anderen präsentierte sein Können, und schon wurde die vorletzte Shownummer angekündigt: Es war die große Frau im Elsa-Kostüm, die am Vertikaltuch Akrobatik zeigte. Als sie mit Applaus hinter dem roten Vorhang verschwand, ging im Zelt plötzlich das Licht aus.

# Kapitel 41

# Pferdechaos

Es war stockdunkel, nur die grünen Schilder über den Ausgängen gaben etwas Licht ab. Im Zelt wurde es ganz still. Alle warteten gebannt auf den letzten Showact. Plötzlich ging das Licht wieder an. Der einzige Lichtstrahl fiel direkt auf den Zirkusdirektor, der in der Mitte der Manege stand. Er versuchte seine zittrige Hand, mit der er das Mikrofon umklammerte, ruhig zu halten. Dann holte er tief Luft.

„Ich danke euch von ganzem Herzen! Ich kann es selbst nicht glauben, was hier gerade passiert! Dieser Abend erinnert mich so stark an die alten Zeiten – an die Glanzzeiten des Zirkus. An dieser Stelle muss ich mich bei einer bestimmten Person bedanken, ohne die das hier nicht möglich gewesen wäre. Leider haben wir uns durch unglückliche Umstände kennengelernt. Umso schöner ist es, dass sie mir trotz allem hilft und mich so unterstützt! Begrüßen Sie mit mir: Anita Girlietainment und ihre viereinhalb Pferde!" Tosender Applaus ertönte. Wieder erlosch das Licht und tauchte alles in völlige Dunkelheit. Nur ein Spot erhellte den roten Vorhang. Anstatt dramatischer Musik war eine fröhliche Klaviermelodie zu hören, als Anita mit ihrem Miniaturpferd Porzellan die Manege betrat. Sie strahlte über das ganze Gesicht. Ihr Herz pochte bis zum Hals. Bevor sie mit der Vorstellung startete, sprach sie über das Mikrofon zum Publikum.

„Hallöchen!", begrüßte sie die Menge, aus der einige ihren Satz vervollständigten: „Ich bin's Anita, vom Channel Anita Girlietainment!"

Sie lachte: „Danke! Ich kann euch auch gar nicht sagen, wie sehr ich mich freue, dass wir das hier gemeinsam auf die Beine gestellt haben! Ich denke, jeder, der hier sitzt, hat mein Video gesehen und weiß, was genau an dieser Stelle vor zwei Wochen passiert ist. Hoffentlich wendet sich von nun an alles zum Guten! Die Message, die ich euch mitgeben möchte, ist, dass man allen immer eine zweite Chance geben sollte. Hinterfragt immer, warum jemand etwas getan hat!" Ihre Rede wurde durch zustimmenden Applaus unterbrochen.

„Rubineska, Escada, Rubjen und Rubielle warten hinter dem Vorhang! Ich muss euch aber vorwarnen: Ihr seht jetzt keine typische Zirkusnummer, wie ihr sie sonst vielleicht kennt! Meine Pferde sind ganz normale Freizeitpartner. Einfach meine Freunde mit großen Herzen auf vier Hufen."

Mit diesen Worten öffnete sich der rote Vorhang, und ihre vier Pferde stürmten in die Manege. Das Publikum raunte vor Begeisterung. An der Spitze trabte Rubielle mit hochgehobenem Schweif auf sie zu, gefolgt von Escada, die sofort den Manegenrand nach Futter absuchte. Rubineska und Rubjen ließen sich nicht stressen und gingen im gemütlichen Schritt auf Anita zu. Keines der Pferde trug die übliche Zirkusmontur, mit Ausbindern im Gebiss, Bauchgurt mit Schweifriemen und Federn am Kopf. Alle liefen komplett frei, ohne Verschnürungen. Jedes der Tiere zeigte das, was es am besten konnte.

Rubineska stand, unbeeindruckt vom Publikum mit entspannter Unterlippe neben Anita. Sie strich ihr über die Mähne und schickte das Pony um Rubi herum. Porzellan war so klein, dass sie auch unter den Bauch von Rubineska passte.

Rubjen kickte mit seinen Hufen einen großen Gymnastikball durch die Manege. Zuhause liebte er Geschicklichkeitsparcours, und dies bewies er nun auch im Zirkus, als er tiefenentspannt unter eine wehende Fahne schritt.

Rubielle marschierte artig neben Anitas Trainerin, die sofort zugesagt hatte, die junge Stute zu präsentieren. Sie zeigte die Lektionen, die das junge Reitpferd bei ihrer Ausbildung bereits gelernt hatte.

„Eine schonende pferdefreundliche Ausbildung benötigt mehr Zeit", sagte sie durchs Mikrofon, während sie vorsichtig einen Sattel auf Rubielles Rücken hob. Im Gegensatz zu ihrer Mutter und ihrem Bruder war Rubielle nicht ganz so entspannt. Das Publikum hielt sich mit dem Applaus zurück, damit sie nicht in Panik geriet.

Escada ließ sich in der Zwischenzeit von den Zuschauerinnen am Manegenrand streicheln und verwöhnen. Sie war als Letztes an der Reihe. Anita hockte sich in die Mitte des Aufführungsplatzes. Ihre Haflingerstute spitzte die Ohren und trabte direkt auf sie zu. Egal, aus welcher Gangart, immer, wenn sich Anita hinhockte, kamen ihre Pferde auf sie zu. Escada holte sich ihr Leckerli ab.

„Freiarbeit mit der Dickeline macht richtig Spaß!", sagte sie in das Mikrofon.

Das „Goldene Fischstäbchen", wie Anita sie liebevoll nannte, zeigte sich von ihrer besten Seite. Sie reagierte fein auf Anitas Körpersprache. Ohne Verbindung über eine Longe oder Strick machte die Stute mit der langen Mähne artig das, was von ihr verlangt wurde. Als sie sich auf Kommando ablegte, löste sie einen Begeisterungssturm im Publikum aus. Der Zirkusdirektor, der neben dem roten Vorhang stand und die Vorstellung verfolgte, konnte sich eine Freudensträne nicht verkneifen.

Anita setzte sich behutsam auf Escada, die mitten in der Manege lag.

„Oh mein Gott, war ich gerade aufgeregt!", gab sie zu. „Danke an meine Pferde, danke an euch für den unfassbaren Support!"

Auch sie konnte ihre Tränen vor lauter Glück nicht unterdrücken. Ihr Freund kam auf sie zu, in der Hand die Filmkamera, mit der er die Vorstellung für ein Youtube-Video festhielt. Er umarmte sie innig.

„Ich bin so stolz auf dich", flüsterte er in ihr Ohr.

„Du weißt ja: Kleine Hufe – große Träume", schluchzte sie.

In dem Moment vergaßen sie die Menge, die rund um sie vor Begeisterung jubelte. Sie hatten nur sich. Anita konnte ihr Glück kaum fassen. So viele schwierige Situationen hatten sie bereits gemeinsam bewältigt. All die Anspannung, all der Druck, all die Last der Vorbereitung und die Erlebnisse der vergangenen Wochen fielen plötzlich von Anita ab, und wieder kullerten Tränen der Freude über ihr Gesicht.

„Zusammenreißen, zusammenreißen!", dachte sie sich. Aber dafür war es zu spät. Sie wischte sich die Wimperntusche aus dem Gesicht, da sie Angst hatte, dunkle Pandaaugen zu bekommen.

Anitas Schwester lief zu den beiden und umarmte sie. Auch der Zirkusdirektor schritt langsam auf sie zu, bedankte sich und sprach zum Publikum:

„Meine Lieben! Wenn ihr zu uns in die Manege kommen wollt, hierher zu Anita und ihren Pferden, dann seid ihr herzlich eingeladen! Ich danke euch von ganzem Herzen und werde den Zirkus in guter Erinnerung behalten!"

Freudig betraten die Zuschauer die Manege, verhielten sich ruhig, um die Pferde nicht zu verschrecken, machten mit ihnen Selfies und nutzten die Zeit, um sich mit Anita, ihrem Freund, ihrer Schwester und der Trainerin zu unterhalten.

Zwei Wochen später erkundigte Anita sich beim Zirkusdirektor nach seiner aktuellen Situation. Er hatte mit den Einnahmen der letzten Show tatsächlich seine Schulden begleichen können. Das Zirkuszelt hatte er an einen befreundeten Artisten verkauft, und seine Mitarbeiter waren bei anderen Zirkussen und Fernsehshows untergekommen. Seinen grau-weißen Tinker und die vier Ponys hatte er aber behalten und sich – auf Anitas Anraten hin – ein Gestüt angesehen, jenes, auf dem ausrangierte Sportpferde aufgenommen und schonend Korrektur geritten wurden. Nach ein paar Probetagen begeisterte er die Gestütsleitung mit seinem Können und Wissen, und er wurde fix als Stallmeister aufgenommen.

Überglücklich erzählte Anita ihrem Freund von diesen erfreulichen Neuigkeiten, während sie mit Rubjen und Rubineska in den Sonnenuntergang ritten. Es war wieder Ruhe in ihr Leben eingekehrt, und sie genossen die Zeit zu zweit beim Ausreiten. Die zwei Schimmel schritten am langen Zügel direkt nebeneinander, sodass Anita und ihr Freund Händchen halten konnten.

„Gott, ist das kitschig", lachte sie dabei, als sie mit seinem und ihrem Arm versuchten, ein Herz zu formen.

„Das ist alles, nur kein Herz", lachte auch er.

Unbeschwert ritten sie zwischen den Feldern, nichtsahnend, dass sie beobachtet wurden. Versteckt hinter einem Busch stand eine schwarze Limousine …

# Gewusst?

Nicht nur Anita, ihren Freund und ihre Schwester, auch Rubineska, Escada, Rubjen, Rubielle und Porzellan gibt es in der Realität – und einige Personen im Buch haben lebende Vorbilder!

Auf Youtube war es möglich, den eigenen Namen plus den des Lieblingspferdes vorzuschlagen. Diese Namen sollten einigen Charakteren im Buch ihren Namen geben. Aus den weit mehr als vierzigtausend Vorschlägen in den Videokommentaren hat der Zufallsmechanismus folgende Namen ausgewählt …

**Emy craft** vor 2 Wochen
Hi Anita,
ich würde mich mega freuen wen du mich ( EMILY) und mein Schulpferd (Cara)  mit in dein Buch❤
nimmst. Auch wenn nicht, Du bist die beste😜😜😜😘🐎
Antworten · 1 👍

**Pony Power** vor 1 Woche
Ich heiße Charlotte ich habe ein eigenes Pferd. Er ist ein 12 Jähriger Wallach und heißt Billi🐴❤
Antworten · 2 👍

**Saphira and me** vor 3 Wochen (bearbeitet)
Hannah 💜💕💕💜hab auch eine Fanpage💜💕anita_.girlietainment_fan💜💜Saphira
Antworten · 2 👍

**nixmand nxvxr** vor 1 Woche
Ich heiße Amelie & mein Lieblingspferdename ist Topas
Antworten · 1 👍

**Cellinator Celli** vor 3 Tagen
Mein Name: Celli(Celestine)
Lieblingspferdename: Diabolo
Lysm❤❤❤❤❤❤❤
👍 1 👎 ANTWORTEN

# Glossar

**Cavaletti**
Ein Cavaletti ist ein kleines Sprunghindernis aus Holz oder Plastik.

**Fesselkopfgamaschen**
Gamaschen dienen zum Schutz des Pferdebeins vor Verletzungen. Fesselkopfgamaschen reichen vom Röhrbein bis zum Fesselkopfgelenk.

**Jährling**
Ein Jährling ist ein einjähriges Pferd.

**Kappzaum**
Ein Kappzaum ist ein gebissloses Halfter, welches zum Longieren, für Bodenarbeit und zur Handarbeit verwendet wird, um das empfindliche Maul des Pferdes zu schonen und es nicht abzustumpfen.

**Kardätsche**
Eine Kardätsche ist eine weiche und feine Bürste zum Reinigen und Glattstreichen des Pferdefells.

**Knotenhalfter**
Ein Knotenhalfter ist ein aus einem Seil geknotetes Halfter und wird zur Bodenarbeit und zum gebisslosen Reiten verwendet.

**Kummet**
Das Kummet oder Kumt wird bei Kutschpferden eingesetzt und ist ein steifer, gepolsterter Ring, der dem Zugpferd um den Hals gelegt wird.

**Paint Stute**
Das Paint Horse ist ein geschecktes Quarter Horse. Die Pferderasse stammt aus Amerika. Ein Paint ist nicht zu verwechseln mit einem Pinto.

**Pinto**
Ein Pinto ist ein geschecktes Pferd, keine Rasse. Nicht zu verwechseln mit einem Paint, also einem Quarter Horse (Quarter Horse = amerikanische Pferderasse, für den Westernsport).

**Rappe**
Ein Rappe ist ein Pferd mit schwarzem Fell.

**Round-Pen**
Ein Round-Pen, auch Longierzirkel genannt, ist ein runder, eingezäunter Platz, auf dem das Pferd auf einer Kreisbahn trainiert wird.

**Schabracke**
Eine Schabracke ist eine Satteldecke, die beim Reiten unter den Sattel gelegt wird.

**Stockmaß**
Das Stockmaß ist die Widerristhöhe, an der man die eigentliche Größe eines Pferdes misst. Der Widerrist ist bei gesenktem Kopf der höchste Punkt des Körpers und eignet sich damit als Messstelle.

**Tinker**
Der Tinker ist eine Pferderasse, die aus Großbritannien und Irland stammt. Diese Pferde waren früher hauptsächlich Arbeitstiere. Ihre besonderen Merkmale sind der ausgeprägte Fesselbehang und viel Langhaar. Der typische Tinker ist ein schwarz-weißer Schecke.

**Trakehner**
Ein Trakehner ist eine deutsche Pferderasse, und diese Warmblüter sind aufgrund ihres spritzigen Temperaments gut für den Vielseitigkeitssport geeignet.

**Trense**
Eine Trense ist ein Bestandteil des Zaumzeugs für Pferde. Sie ist ein Mundstück mit Ringen an jeder Seite zum Einschnallen der Zügel. Umgangssprachlich wird in Deutschland oft das Zaumzeug, welches das gesamte Kopfteil ist und meist aus Leder besteht, als Trense bezeichnet.

**Viereck**
Als Viereck, oder auch Dressurviereck, wird ein Sandplatz bezeichnet, auf dem man reiten kann und auf dem Prüfungen durchgeführt werden können.

# Trainingsbuch

**Anita Girlietainment Trainingsbuch**
In der Rosa-Edition

Das ideale Trainingsbuch für alle Pferdeliebhaber, egal ob mit eigenem Pferd, Reitbeteiligung oder Schulpferd! Dieses Trainingsbuch soll dich begleiten und motivieren, um deinen Zielen näher zu kommen!

Es soll deinen Stallalltag übersichtlicher gestalten und auch Jahre später eine schöne Erinnerung sein :) Mach es zu deinem Buch, gestalte es, wie es dir gefällt, und habe so ein Unikat in der Hand!

*Erhältlich bei*
*www.anitagirlietainment.de*

# Pferde Malbuch

### Anita Girlietainment Malbuch

Anita Girlietainment Malbuch mit Bildern von den Pferden Escada, Rubineska, Rubjen und Rubielle! Ideal zum Verschenken! Tauche ein in eine sorgenfreie Welt der Pferde und lasse deiner Kreativität freien Lauf!

38 liebevoll von Hand gezeichnete Illustrationen der kleinen Pferdefamilie sind bereit, ausgemalt zu werden! Spitze deine Stifte und beginne mit dem Bild, welches dir am besten gefällt, und male, solange du Lust hast!

*Erhältlich bei*
*www.anitagirlietainment.de*

225

# Merchandise

**Anita Girlietainment Merchandise**

Hoodies, Pullis, Shirts, Leckerlitasche, Handycover und mehr für
Girlienators :)

*Erhältlich bei*
*www.anitagirlietainment.de*

# Kalender und Poster

**Anita Girlietainment Wandkalender**

Anitas tierische Familie im Bildkalender oder als Poster. Hol dir Rubineska, Escada, Rubjen, Rubielle & Porzellinchen zu dir nach Hause!

*Erhältlich bei*
*www.anitagirlietainment.de*